365 HISTORIAS DE LA HISTORIA PARA MENTES CURIOSAS

Papel certificado por el Forest Stewardship Council®

Primera edición: junio de 2024

© 2024, Diana Seguí Jiménez
© 2024, Penguin Random House Grupo Editorial, S. A. U.
Travessera de Gràcia, 47-49. 08021 Barcelona
© 2024, iStockphoto, por las ilustraciones
Diseño del interior: Carol Borràs
Diseño de la cubierta: Chelen Écija para Penguin Random House Grupo Editorial
Ilustraciones de la cubierta: iStockphoto (chupa-chups), Chelen Écija (el resto)

Penguin Random House Grupo Editorial apoya la protección de la propiedad intelectual. La propiedad intelectual estimula la creatividad, defiende la diversidad en el ámbito de las ideas y el conocimiento, promueve la libre expresión y favorece una cultura viva. Gracias por comprar una edición autorizada de este libro y por respetar las leyes de propiedad intelectual al no reproducir ni distribuir ninguna parte de esta obra por ningún medio sin permiso. Al hacerlo está respaldando a los autores y permitiendo que PRHGE continúe publicando libros para todos los lectores. De conformidad con lo dispuesto en el artículo 67.3 del Real Decreto Ley 24/2021, de 2 de noviembre, PRHGE se reserva expresamente los derechos de reproducción y de uso de esta obra y de todos sus elementos mediante medios de lectura mecánica y otros medios adecuados a tal fin. Diríjase a CEDRO (Centro Español de Derechos Reprográficos, http://www.cedro.org) si necesita reproducir algún fragmento de esta obra.

Printed in Spain — Impreso en España

ISBN: 978-84-272-4186-2
Depósito legal: B-7.952-2024

Compuesto por Carol Borràs
Impreso en Rodesa
Villatuerta (Navarra)

MO 41862

Diana Seguí

MOLINO

ÍNDICE

 PREHISTORIA 1 - 68

 EDAD ANTIGUA 69 - 140

 EDAD MEDIA 141 - 198

 EDAD MODERNA 199 - 264

 EDAD CONTEMPORÁNEA 265 - 365

PREHISTORIA

1 PREHISTORIA · 650 millones de años tras el *big bang*

EL PRINCIPIO DE TODO

Siete son las galaxias más antiguas descubiertas por la Agencia Espacial Europea en abril de 2023. ¿Su edad? 650 millones de años tras el *big bang*, que es la teoría más aceptada para explicar el origen del universo. Según este planteamiento, hace unos 15.000 millones de años toda la materia que existe hoy en el universo se concentraba en un minúsculo punto. Tras una gran explosión, la materia salió disparada, empezó a expandirse y, progresivamente, fueron formándose las galaxias, las estrellas, los planetas... hasta conformar el universo de la manera como hoy lo conocemos.

2 PREHISTORIA · Hace 5.000 millones de años

EL NACIMIENTO DE UNA ESTRELLA

Hace 5.000 millones de años nació una estrella formada por una nube de gas y polvo, que tenía un disco en forma de anillo a su alrededor. Esta estrella se convertiría en nuestro Sol y en el germen de nuestro sistema solar. Distintos procesos físicos se encargarían de esculpir el resto de los planetas: primero, los exteriores (Júpiter, Saturno, Urano y Neptuno), que se formaron con relativa velocidad; más tarde, los planetas interiores, que tardaron mucho más en formarse. Se estima que el sistema solar completó su formación entre unos 50 y 100 millones de años.

3 PREHISTORIA · Hace 5.000 millones de años

¿EL SOL MORIRÁ?

El Sol tiene 5.000 millones de años y se encuentra justamente en la mitad de su vida, por lo que, sí, morirá. Cuando su combustible se termine, dentro de otros 5.000 millones de años, el Sol dejará de ser una estrella y se convertirá en una gigante roja que absorberá a la Tierra; es decir, dejaremos de orbitar a su alrededor y estaremos dentro del Sol.

4 PREHISTORIA · Hace 5.000 millones de años

LA OSCURIDAD DEL ESPACIO

¿Por qué el Sol ilumina la Tierra, pero no el espacio? Esta es la cuestión que un niño formuló a la Estación Espacial Internacional hace diez años y que, probablemente, más de uno nos hemos preguntado también alguna vez. La respuesta se sustenta en dos motivos:

- Por un lado, el Sol, como cualquier otra estrella, genera energía en su superficie que se libera en forma de radiación, pero lo hace en el visible; es decir, como un flujo de luz, y su intensidad disminuye con la distancia. Cuanto más se aleje la fuente de luz, más débil será su flujo, pero, además, la luz que el Sol irradia en el espacio no lo ilumina de manera uniforme, como sí ocurre en la Tierra.
- Por el otro, el vacío no refleja la luz: para que un espacio se ilumine, además de una fuente de luz, se necesita un medio que la refleje y disperse. En la Tierra, esta función la hace la atmósfera: la luz del Sol que incide directamente en la Tierra se dispersa por la atmósfera y hace que toda esta se ilumine de manera uniforme.

5 PREHISTORIA · Hace 4.500 millones de años

EL NACIMIENTO DE LA TIERRA

La Tierra es el mayor de los planetas interiores, que son los que más tardaron en formarse. Tiene unos 4.500 millones de años e, inicialmente, era una gran bola de fuego cuya temperatura en la superficie era, ¡ni más ni menos!, de unos mil doscientos grados centígrados. Al principio, estaba compuesta por vapor de agua, dióxido de carbono y nitrógeno, pero no oxígeno. El calentamiento de la Tierra, debido a las desintegraciones radiactivas causadas por la presión que aumentaba en su interior y a la colisión y fusión de fragmentos de roca pequeños procedentes del universo, llevó a que el hierro se fundiera y se concentrara en el centro de la Tierra; así se formó el núcleo terrestre. Cuando la corteza terrestre externa se enfrió, aparecieron los primeros continentes.

6 PREHISTORIA · Hace 4.000 millones de años

EL NACIMIENTO DE LA LUNA

Un joven protoplaneta, llamado Theia, colisionó contra la Tierra hace unos 4.000 millones de años. El choque colosal expulsó gran cantidad de material hacia el exterior, que probablemente girara alrededor de la Tierra durante millones de años. Mucho tiempo después, los fragmentos de esta colisión se convertirían en el satélite que tanta influencia tiene en nuestro medioambiente.

7 PREHISTORIA · Hace 3.900 millones de años

LA FUENTE DE LA VIDA

Sigue siendo un misterio cómo el agua, que cubre más del 70 % de nuestro planeta, apareció en la Tierra. Hay teorías que apuntan a que podría haber llegado por cometas y asteroides ricos en hielo, bastante después de que la Tierra se creara, porque las altas temperaturas no hubieran permitido conservar el hielo y el agua antes de que el planeta se hubiera enfriado. Otra teoría, publicada en 2020 en la revista *Science*, expone que el agua podría haber estado presente en los bloques de construcción de nuestro planeta cuando se creó.

8 PREHISTORIA · Hace 3.900 millones de años

LOS AUTOESTOPISTAS GALÁCTICOS

La teoría de la panspermia explica la aparición de las primeras formas de vida en el planeta Tierra. Según esta teoría, cuyo nombre significa «semillas por todas partes», los precursores de la vida, como son los aminoácidos (moléculas que se combinan para formar proteínas, que son los pilares fundamentales de la vida), los monosacáridos (los glúcidos más sencillos, cuya función es aportar energía a las personas) y los pequeños organismos extremófilos (seres de tamaño microscópico capaces de sobrevivir en condiciones muy extremas), podrían haber llegado del espacio exterior viajando entre planetas a bordo de meteoritos o cometas, que habrían acabado en la superficie debido a las colisiones. Al llegar a la Tierra, habrían hallado un clima idóneo para prosperar y evolucionar.

9 PREHISTORIA · Hace 3.800 millones de años

LA GÉNESIS DE LOS CONTINENTES

Hace unos 3.800 millones de años, la lava de las erupciones volcánicas submarinas se solidificó al entrar en contacto con el agua fría del mar, con lo que las rocas volcánicas se fueron depositando en las profundidades oceánicas. La irrupción de las islas volcánicas en la superficie terrestre, que poco a poco fueron uniéndose, dieron forma a los primeros continentes.

10 PREHISTORIA · Hace 3.500 millones de años

LAS PRIMERAS FORMAS DE VIDA COMPLEJA

Los estromatolitos, unas colonias de bacterias que cubren las aguas poco profundas del océano, fueron las primeras formas de vida compleja. Mediante el proceso de la fotosíntesis, convirtieron el dióxido de carbono, bastante abundante en la Tierra debido a la actividad volcánica, en oxígeno. La expulsión de oxígeno por parte de estas bacterias se mezcló y reaccionó con el hierro: el óxido que se generó se depositó en el fondo del océano, pero el oxígeno siguió subiendo a la atmósfera, que se engrosó. Estas colonias allanaron el terreno para la llegada de nuevas formas de vida en nuestro planeta.

11 PREHISTORIA · Hace 750 millones de años

GRAN BOLA DE NIEVE

Hace 750 millones de años, las rocas absorbieron tal cantidad de dióxido de carbono que no hubo suficiente para atrapar el calor del Sol. El resultado fue un cambio climático y una bajada extrema de las temperaturas, que convirtieron al planeta en una gran bola cubierta de una capa de hielo de unos tres kilómetros de grosor. Esta fue la glaciación más intensa que ha sufrido la Tierra, cuya temperatura media era de cincuenta grados centígrados bajo cero.

12 PREHISTORIA · Hace 735 millones de años

OTRO CAMBIO CLIMÁTICO

Se produjo 15 millones de años después. La actividad volcánica hizo que el hielo se fuera derritiendo y se pudiera atrapar el calor del Sol en la atmósfera, por lo que aumentaron las temperaturas. Pese a que durante este tiempo la Tierra estuvo cubierta de hielo, bajo la corteza siguió gestándose la vida.

13 PREHISTORIA · Hace 540 millones de años

EL ESTALLIDO DE LA VIDA

En el periodo cámbrico (así es como denominan los paleontólogos a esta etapa en la que eclosionó la vida), proliferaron multitud de especies vegetales y animales, gracias a la subida de las temperaturas y del nivel del mar. El grupo de los cordados (animales vertebrados con espina dorsal) nos hace determinar que nuestros ancestros nacieron durante este estallido de la vida.

14 PREHISTORIA · Hace 370 millones de años

EN TIERRA FIRME

Hace 370 millones de años, la vida empezó a emerger en la superficie. Hasta entonces, solo las especies acuáticas estaban protegidas, ya que en la superficie no se podía vivir debido a la radiación solar. La creación y el engrosamiento de la capa de ozono fue lo que permitió que las primeras especies sobrevivieran en tierra firme. El final del periodo cámbrico, por eso, conllevó una serie de extinciones en masa, en las cuales muchos de los animales del estallido perecieron; otros, sin embargo, lograron salir del agua y sobrevivir.

15 PREHISTORIA · Hace 254 millones de años

LOS PRIMEROS ANIMALES TERRESTRES

Los ictiosaurios fueron un grupo de grandes reptiles marinos con un aspecto similar al de un pez y un delfín. Hasta 2014, se creía que habían evolucionado a partir de reptiles terrestres y que fueron los primeros en regresar, adaptarse al mar y dominar el hábitat hasta el punto de situarse en lo alto de la cadena alimentaria. Nuevos estudios, sin embargo, han revelado que su origen pudo ser anterior y que evolucionaron en el medio acuático como dos millones antes de que la tercera gran extinción se produjera.

16 PREHISTORIA · Hace 252 millones de años

LA TERCERA GRAN EXTINCIÓN

Fue la tercera de cinco que hubo, que aniquiló casi al 95 % de las especies que habitaban la Tierra. Tuvo lugar hace 252 millones de años, al final del periodo pérmico, e hizo que los gorgonópsidos se extinguieran, unos reptiles carnívoros de gran tamaño que estaban por encima de los terápsidos en la cadena alimentaria. A los terápsidos tradicionalmente se los ha conocido como «reptiles mamiferoides», es decir, reptiles similares a los mamíferos.

17 PREHISTORIA · Hace entre 245 y 231 millones de años

LA PROCEDENCIA DE LOS DINOSAURIOS

Los arcosaurios, cuyo nombre significa «primero en su origen», es un grupo que incluye a los dinosaurios, los pterosaurios, los tecodontos, los cocodrilos y las aves. Evolucionaron en el Triásico temprano; es decir, hace 252 millones de años, cuando se produjo la tercera gran extinción. Se podría decir, por tanto, que los primeros dinosaurios proceden de unos pocos supervivientes. Su origen, aunque aún es tema de investigación entre los científicos, se sitúa entre hace 245 y 231 años. Al principio, eran pequeños y parecidos entre sí, pero en el Jurásico se empezaron a diversificar.

18 PREHISTORIA · Hace 243 millones de años

EL PRIMER DINOSAURIO

El primer dinosaurio fue el *Nyasasaurus parringtoni*. Vivió a mediados del periodo triásico, hace unos 243 millones de años, en lo que hoy es África. Los fósiles encontrados están incompletos, por lo que no sabemos mucho de él: los científicos calculan que medía entre dos y tres metros, y probablemente fuera bípedo.

19 PREHISTORIA · Hace entre 245 y 215 millones de años

LARGA VIDA

Se estima que los dinosaurios, cuyo nombre proviene del griego *deinos* («terriblemente grande») y *sauros* («lagarto»), habitaron en nuestro planeta durante aproximadamente treinta millones de años, lo que significa que ocuparon la Tierra durante ¡sesenta y cuatro veces más tiempo que los humanos!

20 PREHISTORIA · Hace entre 245 y 215 millones de años

LA EDAD DE LOS DINOSAURIOS

La esperanza de vida de los dinosaurios dependía en gran medida de su tamaño, pues este estaba asociado a su metabolismo: cuanto menor fuera, más pronto fallecería, debido a que la división de las células lo haría envejecer más rápidamente. La mayoría solía vivir unos veinte o treinta años, aunque los más pequeños (de tamaño similar al de un humano) no superaban los diez o veinte años y los más grandes podían alcanzar los cincuenta. Los más longevos, con una esperanza de vida de cien años, fueron los saurópodos.

21 PREHISTORIA · Hace entre 200 y 190 millones de años

EL DINOSAURIO
MÁS FICCIONADO

El dinosaurio más ficcionado es el dilofosaurio (*Dilophosaurus wetherilli*), cuyo nombre significa «lagarto de doble cresta», debido al par de crestas redondeadas que lucía en su cráneo y que, probablemente, empleó para exhibirse. Vivió a principios del periodo jurásico, hace entre 200 y 190 millones de años. Este pequeño lagarto (aunque no tan pequeño como nos han hecho creer, pues pesaba unos cuatrocientos kilogramos y medía unos siete metros de largo) ha sido el más ficcionado de todos. Es el que, tanto en las novelas de Michael Crichton como en la saga *Parque jurásico*, de Steven Spielberg, y en los videojuegos posteriores, más se ha alejado de la realidad. Así lo reconocieron los propios autores, quienes afirmaron que se tomaron ciertas licencias creativas: el dilofosaurio ni tenía la capacidad de desplegar un collar extensible (que no poseía) ni la de proyectar veneno sobre sus presas.

22 PREHISTORIA · Hace 190 millones de años

LA DOMINACIÓN
DE LOS SAURIOS

El reinado de los saurios sobre la Tierra tuvo lugar hace 190 millones de años, cuando Pangea (el supercontinente que agrupaba todas las placas de la corteza continental) comenzó a fragmentarse y provocó modificaciones en la superficie terrestre, a las que los animales tuvieron que adaptarse. En este tiempo, los dinosaurios eran los dueños del planeta, ya que dominaban tierra, mar y aire: los pterosaurios ocupan el medio aéreo; los ictiosaurios y plesiosaurios, los mares, y extensas manadas de gigantescos herbívoros y carnívoros poblaban los ecosistemas terrestres.

23 PREHISTORIA · Hace entre 163 y 157 millones de años

EL CUELLILARGO

El *Mamenchisaurus sinocanadorum* es la especie de mayor tamaño del género *Mamenchisaurus*. Vivió a finales del periodo jurásico, hace entre 163 y 157 millones de años, en lo que hoy es Asia. Se trata de un dinosaurio muy peculiar porque podía llegar a medir hasta veintiséis metros de largo, de los cuales su cuello medía más de la mitad de su longitud total: ¡quince metros!

24 PREHISTORIA · Hace 150 millones de años

EL DINOSAURIO
MÁS LARGO

El diplodocus, cuyo nombre significa el «de doble viga» (en referencia a los huesos de su cola), es uno de los dinosaurios más estudiados por los paleontólogos. Vivió hace aproximadamente unos 150 millones de años a finales del periodo jurásico. Durante mucho tiempo, se consideró el dinosaurio más largo: podía llegar a medir hasta treinta y cinco metros y pesaba entre diez y quince toneladas. Se cree que empleaba su larga cola a modo de látigo y que, al sacudirla, producía un sonido ultrasónico que ahuyentaba a los depredadores. Según los estudios realizados, era herbívoro y podía levantarse sobre sus patas traseras y estirar su largo cuello para llegar a las hojas más verdes ubicadas en la copa de los árboles. No obstante, y aunque durante años se ha creído que su cuello había evolucionado así para alimentarse, hay teorías que sugieren que la largura podría haberse dado principalmente como un atractivo para el apareamiento (siendo la alimentación un beneficio evolutivo secundario).

25 PREHISTORIA · Hace 150 millones de años

UNO DE LOS MÁS RAROS

El *Brachiosaurus altithorax*, conocido como braquiosaurio, cuyo nombre significa «lagarto brazo de tórax alto», vivió durante el Jurásico superior, hace unos 150 millones de años. Fue uno de los saurópodos más raros: aunque su largo cuello y su cabeza pequeña eran algo también característico del diplodocus, a diferencia de estos, el braquiosaurio tenía las patas delanteras más largas que las traseras (y de ahí su nombre). Los estudios concluyeron que no podría posarse sobre sus patas traseras para llegar a las copas de los árboles, como erróneamente se nos muestra en la saga de *Parque jurásico*. Sin embargo, llegaba a mordisquear y pellizcar la vegetación de los árboles gracias a los nueve metros de longitud de su cuello; algo que hacían constantemente, ya que los braquiosaurios podían comer al día ¡unos doscientos o cuatrocientos kilos de comida!

26 PREHISTORIA · Hace 150 millones de años

EL AVE
MÁS ANTIGUA

El arqueópterix (*Archaeopterix lithographica*), cuyo nombre significa «a la antigua», vivió en el periodo jurásico superior hace unos 150 millones de años. Se caracteriza por ser una especie intermedia entre los dinosaurios emplumados y las aves que conocemos en la actualidad. Desde el siglo XIX, los paleontólogos coinciden en que se trata del ave más antigua conocida; sin embargo, se han identificado otros más antiguos, como los *Anchiornis, Xiaotingia y Aurornis*. El arqueópterix es un ave primitiva carnívora que probablemente comía pequeños reptiles, mamíferos e insectos. Medía unos sesenta centímetros y pesaba medio kilo.

27 PREHISTORIA · Hace 150 millones de años

DINOSAURIOS CONTRA MAMÍFEROS

Cuando hablamos de la convivencia entre dinosaurios y mamíferos, lo más común es creer que estos últimos debían vivir atemorizados por los grandes depredadores; pero no es así: no siempre el grande se impone al pequeño. Los últimos hallazgos de fósiles en el yacimiento de la formación Yixian, en China, han ayudado a determinar que no solo los dinosaurios y los mamíferos convivieron e interactuaron durante la era mesozoica, sino que los mamíferos no se amilanaban e, incluso, comían algún que otro dinosaurio.

28 PREHISTORIA · Hace 100 millones de años

EL CARNÍVORO MÁS TEMIBLE

¿Cuál fue el carnívoro más temible? Pese a que la respuesta automática de muchos de nosotros podría ser el tiranosaurio rex, este título se lo otorgamos al espinosaurio, un dinosaurio que vivió hace 100 millones de años, adaptado al medio acuático, y que también supera al rey en cuanto a longitud. Este dinosaurio se alimentaba de peces enormes y herbívoros terrestres, y fue el más temible y el más grande de los que existieron.

29 PREHISTORIA · Hace 100 millones de años

EL TAMAÑO DE LA CABEZA DETERMINA LA INTELIGENCIA

Si los dinosaurios eran o no inteligentes parece algo difícil de determinar, pero el cociente de encefalización (un índice que relaciona el peso del cerebro con el peso total de su cuerpo) permite hacer una estimación de la posible inteligencia de un animal. Basándose en este índice, un controvertido estudio publicado en la *Journal of Comparative Neurology* ha llevado a determinar que los dinosaurios «más cabezones» en relación con su cuerpo, como el tiranosaurio rex, tenían una inteligencia similar a la de un perro.

30 PREHISTORIA · Hace 100 millones de años

LOS TIRANOSAURIOS ERAN ANIMALES SOCIALES

Es lo que reveló una investigación de 2014 realizada con los fósiles de varios *Teratophoneus curriei* (una especie de la familia de los tiranosáuridos, que son parientes cercanos del tiranosaurio rex), que fueron hallados en un yacimiento de Utah (Estados Unidos). Por lo visto, no eran tan solitarios como nos parecía: eran depredadores sociales que podrían haber vivido en manada e, incluso, haber cazado en grupo.

31 PREHISTORIA · Hace entre 75 y 71 millones de años

EL PRIMER CORNUDO SIN CUERNOS

Su nombre proviene del griego *protos* («primero»), *keras* («cuerno») y *ops* («cara»), es decir, la «primera cara con cuernos». Sin embargo, el protocerátops, que habitó en la Tierra en el periodo cretácico tardío hace aproximadamente entre 75 y 71 millones de años, creció sin cuernos bien desarrollados. En su lugar, tenía unos botones óseos sobre la nariz y las mejillas, que eran unos rasgos primitivos que no se vieron en géneros posteriores. Se trataba de un herbívoro que medía unos dos metros y pesaba ciento setenta y siete kilos.

32 PREHISTORIA · Hace entre 75 y 70 millones de años

EL LADRÓN VELOZ

Esto es lo que significa el nombre del velociráptor, un dinosaurio bípedo carnívoro que vivió en el periodo cretácico tardío hace entre 75 y 70 millones de años. No era muy grande (no era mucho mayor que un pavo): su longitud total no llegaba a los dos metros y pesaba unos quince kilos, por lo que podía correr muy rápido, lo que era ideal para cazar. Sus garras con forma de hoz también debían ser útiles para agarrar a sus presas (y no para eviscerarlas, como algunos podrían pensar por la imagen que de ellos se transmitió en la saga de *Parque jurásico*).

33 PREHISTORIA · Hace entre 75 y 70 millones de años

EL ORIGEN DEL VUELO DE LAS AVES

Te parecerá raro, pero se cree que las aves que conocemos en la actualidad tienen a su predecesor en un dinosaurio no aviario; es decir, en el grupo de dinosaurios conocido como terópodos manirraptores. ¿Y qué ha llevado a establecer esta relación? Pues una estructura de las alas, el patagio, sin la cual los pájaros de hoy no podrían volar y que se observó en especímenes de manirraptores, pero que perdió su función en las aves no voladoras.

34 PREHISTORIA · Hace 70 millones de años

ÚNICO EN SU ESPECIE

El *Gallimimus bullatus*, el «reptil gallina», es la única especie conocida del género extinto *Gallimimos*. Vivió en el periodo cretácico tardío, hace unos 70 millones de años, en lo que hoy es Asia. Su constitución ligera y sus largas patas traseras (medía apenas cuatro metros y pesaba poco más de cuatro toneladas) lo hacían apto para correr: se estima que podía alcanzar los setenta kilómetros por hora. Su largo cuello y su pico sin dientes recuerdan a un avestruz. Era omnívoro y se alimentaba de pequeños animales, insectos, huevos y plantas.

35 PREHISTORIA · Hace 68 millones de años

UN PROTAGONISTA
DE PELÍCULA

El tiranosaurio rex («reptil tirano») fue uno de los dinosaurios más carismáticos, ¡y llegó a protagonizar varias películas! A pesar de ser conocido como el dinosaurio más temible, realmente no era el más grande de los carnívoros: medía entre diez y trece metros, mientras que el espinosaurio lo superaba con sus quince metros de longitud. Tampoco era un gran cazador, como pudiera parecernos. Más bien comía lo que podía: se alimentaba de la carroña que encontraba, ya que, aunque alcanzaba los treinta kilómetros por hora, lo hacía por poco tiempo y sus presas eran más rápidas que él. Sin embargo, tenía una capacidad visual bastante desarrollada (diez veces mejor que la de una persona) y su mordida era la más fuerte registrada en un animal terrestre. Para que nos hagamos una idea: el cocodrilo, que es de los animales con la mordida más fuerte, no llega ni a la mitad de la del tiranosaurio rex.

36 PREHISTORIA · Hace entre 68 y 66 millones de años

EL MAYOR CORNUDO
DEL CRETÁCICO

El «horrible cabeza de tres cuernos», que es lo que significa su nombre, *Triceratops horridus*, es el mayor dinosaurio cornudo de esta etapa. Vivió hace entre 68 y 66 millones de años en el periodo cretácico tardío y podía llegar a medir unos nueve metros de largo y tres de alto. Se alimentaba de plantas duras y ricas en fibra: de ahí que tuviera los dientes curvados y la boca en forma de pico, ya que le ayudaba a cortar la vegetación. Pesaba nada más y nada menos que ¡unas seis toneladas!

37 PREHISTORIA · Hace entre 208 y 66 millones de años

DE LOS ÚLTIMOS
EN EXTINGUIRSE

Los anquilosaurios (*Ankylosauria*) vivieron desde el Jurásico inferior hasta el final del periodo cretácico, hace aproximadamente entre 208 y 66 millones de años. Fueron de los últimos dinosaurios que quedaron tras el impacto del asteroide. Los anquilosaurios eran herbívoros cuadrúpedos que se alimentaban de plantas bajas. Su cuerpo estaba cubierto por una sólida armadura de placas óseas y, a veces, espinas, una defensa ideal contra los depredadores. Su cola, formada por dos huesos, también era un perfecto elemento disuasorio, ya que podían romper los huesos de otro dinosaurio con tan solo una embestida.

38 PREHISTORIA · Hace 66 millones de años

LA MUERTE
QUE LLOVIÓ DEL CIELO

Hace 66 millones de años, el asteroide Chicxulub, de doce kilómetros de diámetro, colisionó en la actual península del Yucatán. El impacto fue de tal magnitud que formó un cráter de más de ciento ochenta kilómetros de diámetro, provocando un megaterremoto (imposible de medir con las escalas actuales) que duró semanas o meses. El choque de este asteroide con la superficie terrestre produjo una extinción masiva del planeta, que exterminó al 76 % de las especies, entre estas a los grandes dinosaurios (excepto a los ancestros de las aves y a los incipientes mamíferos que vivían bajo tierra, que lograron sobrevivir gracias a una alimentación basada en raíces y grano).

39 PREHISTORIA · Hace 66 millones de años

¿CONVIVIERON LOS HOMÍNIDOS CON LOS DINOSAURIOS?

No, homínidos y dinosaurios no llegaron a convivir. Los primeros homínidos aparecieron hace unos 300.000 años, mientras que los dinosaurios se extinguieron hace 66 millones de años.

40 PREHISTORIA · Hace 53,5 millones de años

PALMERAS EN LA NIEVE

En el Ártico, concretamente, nacieron las primeras palmeras, pero hace nada menos que 53,5 millones de años, cuando las frías temperaturas que hoy relacionamos con esta región superaban, en realidad, los ocho grados centígrados.

41 PREHISTORIA · Hace más de 50 millones de años

LAS BALLENAS VIVIERON EN TIERRA FIRME

Las ballenas vivieron en tierra firme ¡hace más de 50 millones de años! Realmente no fueron las ballenas tal como las conocemos hoy día, sino su antepasado. El más lejano de sus familiares fue el *Pakicetus*, que era aproximadamente del tamaño de un perro grande; después, evolucionó al *Protecetus atavus*, que ya sentía predilección por el medio acuático. Con el paso del tiempo, aumentó de volumen y terminó evolucionando en la ballena tal como hoy la conocemos. ¿Entiendes ahora por qué tienen la necesidad de salir a la superficie a respirar?

42 PREHISTORIA · Hace 5 millones de años

EL MAR MEDITERRÁNEO SE SECÓ

Sucedió hace unos 5,96 millones de años, cuando el estrecho de Gibraltar, el único punto por el cual el Mediterráneo se conecta con los demás océanos, se cerró debido al movimiento de las placas tectónicas, dejando de recibir así agua del Atlántico. Como los ríos que desembocan en el mar Mediterráneo no vertían suficiente agua, se empezó a secar y toda la sal que contenía se acumuló en el fondo marino. Se salvó por los pelos gracias a una inundación enorme, considerada la mayor de la historia; a lo largo de 600.000 años, el estrecho de Gibraltar se fue separando hasta que se abrió definitivamente hace 5,33 millones de años.

43 PREHISTORIA · Hace 4,4 millones de años

LA CAPACIDAD DE CAMINAR ERGUIDOS

El bipedismo (la capacidad de caminar erguidos) es uno de los hitos más importantes de nuestra historia. Generalmente, se tiene la falsa creencia de que el *Homo erectus* fue la primera especie en caminar erguida, pero ¡no! El primero que se movió sobre sus dos patas fue el *Ardipithecus ramidus*, un homínido que vivió en el planeta hace aproximadamente 4,4 millones de años.

44 PREHISTORIA · Hace 2 millones de años

EL HOMO ERECTUS ES MÁS ANTIGUO DE LO QUE SE CREÍA

El *Homo erectus* más antiguo que se conocía era de hace 1,8 millones de años y procedía de Dmanisi (Georgia), pero un descubrimiento reciente del Instituto de Estudios Paleontológicos de la Universidad de Johannesburgo ha proporcionado tres datos muy interesantes:

- El *Homo erectus* vivió en Sudáfrica, entre 200.000 y 150.000 años antes de lo establecido, es decir, entre 2,04 y 1,95 millones de años.
- Probablemente, se trasladó del sur del continente hacia África oriental.
- Convivió en el mismo lugar con dos tipos de homínidos más: el *Paranthropus* y *Australopithecus*.

45 PREHISTORIA · Hace 1,5 millones de años

CON PASO FIRME

El *Homo erectus* es uno de nuestros antepasados directos y recibió este nombre debido a su forma erguida de moverse. En efecto, caminaba, y con el mismo estilo con el que hoy lo hacemos los humanos. Parece que la anatomía y la mecánica de sus pies eran muy similares a la nuestra, o mejor dicho: la nuestra es muy parecida a la de ellos. Este es el resultado que, en 2009, arrojó el estudio del Instituto Max Planck de Antropología Evolutiva, que analizó más de noventa y siete huellas de unos veinte *Homo erectus* halladas en el norte de Kenia.

46 PREHISTORIA · Hace 1,5 millones de años

EL HALLAZGO MÁS ANTIGUO DE UN HOMÍNIDO EN LA PENÍNSULA IBÉRICA

Corresponde al llamado «hombre de Orce», que se encontró en Venta Micena, en el municipio de Orce (Granada): un pedazo de cráneo de un homínido que podría haber habitado en la zona hace 1,5 millones de años. Es el fósil humano más antiguo hallado tanto en la península ibérica como en el continente europeo.

47 PREHISTORIA · Hace 1 millón de años

EL DOMINIO DEL FUEGO

Previamente apuntamos que el bipedismo (la capacidad de caminar erguidos) fue uno de los hitos más importantes de nuestra historia. Otro gran hecho que no tiene nada de despreciable fue la dominación del fuego. Un hallazgo que, sin duda, procuró muchos beneficios (explorar las cuevas, protegerse del frío, disuadir a los depredadores y cocinar los alimentos) y que se lo debemos al *Homo erectus,* que empezó a usarlo hace aproximadamente un millón de años, y no al *Homo sapiens,* como suele creerse.

48 PREHISTORIA · Hace entre 930.000 y 813.000 años

LA HUMANIDAD ESTUVO A PUNTO DE DESAPARECER

Sucedió hace entre 930.000 y 813.000 años, cuando las duras condiciones climáticas debido a las glaciaciones provocaron cambios drásticos de las temperaturas, que, a su vez, causaron devastadoras sequías y la extinción de gran parte de las especies que eran fuente de alimentación de los ancestros de la humanidad. Los científicos calculan que, en esta lucha por la supervivencia, tan solo sobrevivieron 1.280 individuos reproductores, gracias a los cuales hoy día aún seguimos aquí.

49 PREHISTORIA · Hace 850.000 años

LOS PRIMEROS HOMÍNIDOS DE NUESTRAS TIERRAS

Un reciente hallazgo ha puesto al descubierto que los primeros homínidos que habitaron en la península ibérica, hace unos 850.000 años, fueran probablemente de la especie *Homo antecesor*, cuyos restos se encontraron en la gran colina de Atapuerca. ¿De dónde procedían y cómo terminaron en la península? Las hipótesis apuntan a que llegaron desde África siguiendo a las manadas de animales que les procuraban alimento.

50 PREHISTORIA · Hace 300.000 años

SOMOS FRUTO DE UNA MEZCLA

Como un buen cóctel: juntos y, además, revueltos. Así vivieron, hace unos 300.000 años, dos de nuestros parientes más cercanos: los *Homo sapiens* y los *Homo neanderthalensis*. Convivieron en el mismo espacio y tiempo, y el resultado fue la creación de una especie nueva: un híbrido de ambas especies.

51 PREHISTORIA · Hace 200.000 años

LA PRIMERA MUJER DE LA HISTORIA

¿Existió una homínida que fuera la «madre» de todo el mundo? Según una teoría que surgió de un estudio publicado en 1987 por Wilson, Stoneking y Cann, a partir del ADN (la información genética que hay dentro de las células de una persona, la cual hace que sea quien es y que, además, sirve para diferenciarla de las demás personas), se podía trazar la ruta que nos llevaría desde la actualidad hasta el origen de la humanidad. Se estimó que la primera *Homo sapiens* mujer debió de vivir en el África subsahariana hace 200.000 años.

52 PREHISTORIA · Hace 200.000 años

LA «TIERRA NATAL» DE LOS HUMANOS

Se ha especulado mucho sobre el lugar exacto en el que surgieron los primeros humanos primitivos. Un estudio publicado en la revista *Nature* ha abierto de nuevo el acalorado debate, pues ha determinado que la «tierra natal» de los humanos se halla en Botsuana (África), exactamente en el humedal Makgadikgadi-Okavango del río Zambeze, uno de los mayores salares del mundo, que hace unos 200.000 años podría haber sido muy próspero.

53 PREHISTORIA · Hace 95.000 años

¡ERES UN NEANDERTAL!
PERO HASTA CIERTO PUNTO…

Quizá esta expresión te parezca menos despectiva cuando escuches lo que vamos a contarte: los neandertales vivieron distribuidos por toda la península ibérica y, según estudios recientes, parece ser que eran más inteligentes de lo que pensábamos. Los grabados de arte rupestre y los adornos con los que decoraban los restos de huesos de algunas rapaces han llevado a concluir que la capacidad intelectual no fue algo exclusivo del *Homo sapiens*. En 2021, otro estudio liderado por científicos españoles reveló que, anatómicamente, los neandertales ¡incluso podían comunicarse verbalmente!

54 PREHISTORIA · Hace 48.000 años

LA PENICILINA,
UN DESCUBRIMIENTO ENCUBIERTO

Los neandertales descubrieron la penicilina, aunque sin saberlo. Asombroso, ¿verdad? Así lo ha revelado un estudio de una dentadura que contenía sarro con restos de ADN del hongo *Penicillium*. Nuestros antecesores, hace 48.000 años, ya «se medicaban»: aprovechaban las propiedades antibióticas de algunos hongos que sintetizaban de manera natural las penicilinas y también eran conocedores de las propiedades analgésicas de otras plantas; sin ir más lejos, la aspirina (o, lo que es lo mismo, ácido salicílico) se extraía de las cortezas de algunos árboles, como el álamo y el sauce.

55 PREHISTORIA · Hace entre 45.000 y 40.000 años

LOS NEANDERTALES
TAMBIÉN COMÍAN VEGETALES

Los neandertales cazaban y se alimentaban principalmente de la carne de grandes animales herbívoros (como el mamut o los rinocerontes lanudos) o de animales más pequeños (como los bisontes, los caballos salvajes o los renos). Sin embargo, un estudio del Centro Senckenberg de Evolución Humana y Paleoambiente, publicado en *Journal of Human Evolution*, ha revelado que también consumían alimentos vegetales, que constituían el 20 % de su dieta.

56 PREHISTORIA · Hace entre 10.000 y 6.000 años

¿EL ESPEJO DEL ALMA
O DE TU PASADO?

Nos referimos a los ojos, obviamente. ¡Mírame a los ojos! No solo podrás interpretar las emociones, sino que, si las dos personas que se miran tienen los ojos azules, sabrán que comparten a algún familiar lejano. Originalmente, todos teníamos los ojos de color marrón, debido a la melanina; pero una mutación genética afectó a las personas con ojos azules, que dejaron de producirla. El hecho de que la mutación sea compartida por todas las personas con ojos azules lleva a la conclusión de que todas descienden del mismo ancestro. Así, como lo oyes, un reciente estudio de la Universidad de Copenhague, liderado por el profesor Hans Eiberg, ha puesto de manifiesto que todas las personas con ojos azules descienden del mismo antepasado, que vivió hace entre 10.000 y 6.000 años en algún lugar cercano al mar Negro.

57 PREHISTORIA · Hace 10.000 años

EL EMPUJADOR DE AGUJAS

El empujador de agujas, lo que hoy conocemos como «dedal», tiene un origen ancestral. En algunas excavaciones de asentamientos neolíticos del sudeste de Rusia, África y China se hallaron objetos similares de hace unos 10.000 años. Estos se elaboraban con huesos, piedras o madera, y se cree que fueron empleados para coser.

58 PREHISTORIA · Hace 10.000 años

ICONOS DE LA MODA

Sabemos que los primeros dedales fueron creados por las personas de la prehistoria, por lo que no es de extrañar que las sociedades del Paleolítico superior fueran maestras de la costura. Confeccionaron una gran cantidad de prendas de vestir, desde capuchas a ceñidores, y dominaron con destreza el procesado de pieles y materiales vegetales. Pero no solo en la indumentaria dejaron su impronta, también fueron duchos en el arte de escoger los complementos: dientes como adorno, perlas de hueso, piedra o marfil, conchas perforadas que cosían a la ropa o ensartaban para elaborar bonitas pulseras y collares.

59 PREHISTORIA · Hace 8.000 años

EL MEJOR AMIGO DEL SER HUMANO

Cuándo se inició la estrecha relación entre el perro y el ser humano es algo que no está del todo claro, pero sí que llevan en esta sólida relación unos 10.000 años (el fósil del primer perro enterrado junto a un humano se encontró en Israel y tiene 12.000 años). Se cree que el perro probablemente fuera uno de los primeros animales que se domesticaron y algunos científicos coinciden en apuntar a un antepasado común en todos los perros: el lobo.

60 PREHISTORIA · Hace 7.000 años

SOLINE, UNA ALDEA NEOLÍTICA BAJO LAS AGUAS

Soline fue una aldea neolítica que acabó sumergida bajo las aguas de Croacia, en la bahía Gradina de la isla de Korčula. Las excavaciones en la zona también dieron con un camino de unos cuatro metros de ancho que unía este poblado con tierra firme, algo que parece ser clave para descifrar la cultura de la civilización Hvar, que dominó Croacia en el 5000 a. C.

61 PREHISTORIA · Entre el 5000 y el 3000 a. C.

UN CAMBIO DE HÁBITOS

El cambio de hábitos que supuso el paso de una vida nómada, basada en la caza y la recolección de alimentos, a una sedentaria, en la que se desarrolló la agricultura y la domesticación del ganado, cambió nuestra información genética y se transmitió a las generaciones futuras. Con la Revolución neolítica, los *Homo sapiens* hubieron de adaptarse, lo que provocó un cambio evolutivo que se fijó en el genoma, afectando no solo a la altura (nos hizo más altos), al color de la piel (más rubios) o al peso, sino también al metabolismo, a la inteligencia y a la predisposición a sufrir enfermedades cardiovasculares.

62 PREHISTORIA · Hace 5.000 años

EL CALENDARIO EN UNAS ROCAS

En la isla de Lewis, en la costa británica, se ubica un conjunto de monolitos conocido como «piedras de Callanish». Este complejo tiene unos 5.000 años, es más antiguo que Stonehenge y, recientemente, se ha descubierto cuál fue su finalidad: la alineación de estas rocas muestra las posiciones del Sol y la Luna, lo que permite identificar las fechas del año. Gracias a esta construcción, se sabía cuándo había que cambiar el asentamiento de lugar o cuándo había que cultivar.

63 PREHISTORIA · Entre el 2 600 000 y el 4000 a. C

LA EDAD DE PIEDRA MARCA TENDENCIA

Por increíble que parezca, algo de uso tan habitual como el perfume tiene un origen muy primitivo: se remonta nada más y nada menos que a la Edad de Piedra. Al quemar inciensos, resinas y maderas en los ritos religiosos, se dieron cuenta de que el aroma que se quedaba impregnado en las personas era algo singular.

64 PREHISTORIA · Entre el 4000 y el 3100 a. C.

LA CIVILIZACIÓN MÁS ANTIGUA DEL MUNDO

La historia de las civilizaciones empieza en Mesopotamia, una región ubicada en el Mediterráneo oriental entre los ríos Tigris y Éufrates (como su nombre indica: «entre ríos»), que corresponde al actual Irak y partes de Irán, Siria y Turquía. Aunque ha sido denominada la «cuna de la civilización», en singular, Mesopotamia albergó a distintas civilizaciones a lo largo del tiempo, que fueron una verdadera fuente de innovación y progreso, especialmente dos que se desarrollaron en el cuarto milenio antes de Cristo: la creación de la ciudad y la invención de la escritura.

65 PREHISTORIA · 4000 a. C.

EL PRIMER SISTEMA DE ESCRITURA

Desarrollado por los antiguos sumerios de Mesopotamia en el 4.000 a. C., se trataba de una escritura cuneiforme, es decir, una representación de signos (pictogramas) esculpidos sobre tablillas de arcilla. Más adelante, alrededor del 3200 a. C., se acabarían sustituyendo por símbolos que representaban sonidos (fonogramas). Esta escritura primigenia tenía una mera función administrativa, usada como una herramienta mnemotécnica para contar el ganado y las cosechas.

66 PREHISTORIA · 3500 a. C.

UN INVENTO QUE CAMBIÓ LA MANERA DE MOVERSE

Antes hemos mencionado como hitos de la humanidad el bipedismo, el descubrimiento del fuego y el primer sistema de escritura. Dentro de este elenco, no podía faltar la invención de la rueda. La fecha exacta de su invención no ha podido determinarse, pero la evidencia más antigua que se conoce en relación con el uso de este artefacto tan útil, un pictograma sumerio, nos remonta al año 3500 a. C.

67 PREHISTORIA · 3500 a. C.

UNA GRAN CONTRIBUCIÓN PARA LA AGRICULTURA

No fue otra que la creación del arado, un invento coetáneo al de la rueda, allá por el año 3500 a. C., que contribuyó, y mucho, a hacer más eficientes las tareas de labranza y siembra. Este artefacto surgió en Mesopotamia, entre el Tigris y el Éufrates.

68 PREHISTORIA · 3500 a. C.

LA MEDIDA DEL TIEMPO

La innovación y el desarrollo de la antigua Mesopotamia nos dejó un vasto legado: también el cómputo del paso del tiempo. Basándose en un sistema sexagesimal, en lugar de uno decimal, dividieron el movimiento del cielo en intervalos que pudieran medirse: un minuto tenía sesenta segundos; una hora, sesenta minutos; una semana constaba de siete días, y, aunque para los sumerios el año tenía trescientos sesenta días, se dividía en doce periodos cuyos nombres coincidían con los de las constelaciones más importantes.

EDAD ANTIGUA

69 EDAD ANTIGUA · 3000 a. C.

LAS ZANAHORIAS ERAN MORADAS

En el año 3000 a. C. ya se consumían zanahorias en lo que actualmente es Afganistán, pero probablemente no las hubiéramos reconocido, porque ¡eran de color morado! El cambio a naranja fue el resultado de un cruce de especies deliberado que los agricultores holandeses propiciaron en el siglo XVI en honor a su rey Guillermo de Orange.

70 EDAD ANTIGUA · Tercer milenio a. C. (3000-2001 a. C.)

INSPIRACIÓN MITOLÓGICA

Los sumerios fueron los artífices que construyeron los primeros zigurats, unos templos en forma de pirámide escalonada propios de varias culturas de la antigua Mesopotamia. El más antiguo conservado data del año 2900 a. C.: el Tappeh Sialk, de la civilización elamita. Se cree que el mito bíblico de la torre de Babel pudo estar inspirado en el zigurat Etemenanki de Babilonia.

71 EDAD ANTIGUA · 2650 a. C.

EL ANTEPROYECTO DE LAS PIRÁMIDES DE EGIPTO

La primera pirámide escalonada erigida en el país del Nilo fue la construida por Imhotep por orden del faraón Djoser, de la tercera dinastía. Se construyó en torno al año 2650 a. C., en Saqqara, y se puede afirmar que se trató del anteproyecto de las pirámides de Guiza.

72 EDAD ANTIGUA · 2550-2490 a. C.

LOS VERDADEROS CONSTRUCTORES DE LAS PIRÁMIDES DE EGIPTO

A pesar de la creencia popular, fomentada en gran parte por la industria cinematográfica, de que los constructores de las pirámides eran esclavos, lo cierto es que los protagonistas de tal hazaña eran egipcios de familias humildes que vivían en ciudades cercanas, que estaban bien cualificados y se los alimentaba y trataba bien. Así lo atestiguan los análisis de los restos fósiles de los trabajadores hallados por el egiptólogo Zahi Hawass en los años noventa.

73 EDAD ANTIGUA · 2550-2490 a. C.

EL ROSTRO DE LA GRAN ESFINGE DE GUIZA

Muchos misterios se ciernen sobre esta imponente construcción, desde cómo se construyó hasta cuál fue su función, pero, sin duda, su rostro se ha convertido en todo un icono. Quién destruyó su nariz es otro de los enigmas que ha avivado la imaginación de más de uno. El historiador Muhammad al-Husayni Taqi al-Din al-Maqrizi, en el siglo XV, atribuía este acto a un fanático religioso sufí, Muhammad Sa'im al-Dahr, que, en 1378, al ver cómo los campesinos veneraban a la esfinge para obtener mejores cosechas, decidió dañar el monumento destrozando su nariz y parte de sus orejas. La teoría más extendida es que la amputación fue cosa de un cañonazo propinado por orden de Napoleón; pero nada más lejos de la realidad: unos grabados del arquitecto danés Frederick Lewis Norden de 1737 (sesenta y un años antes de la visita de Napoleón) dan muestra de que la esfinge ya carecía de su apéndice nasal. Sea como fuere, este es un episodio más que aún pertenece al ámbito de lo desconocido.

74 EDAD ANTIGUA · 2550-2490 a. C.

DIOSES Y DIOSAS DE LA MITOLOGÍA EGIPCIA

Si te pedimos que cites a los dioses y las diosas del antiguo Egipto, ¿cuántos serías capaz de enumerar? La lista en el panteón egipcio es extensísima, ¡hay más de dos mil! Eso sí, se han ido adorando según diferentes creencias en distintos periodos del antiguo Egipto. Las deidades representaban aspectos del entorno natural y «sobrenatural», y ayudaban a la gente a comprender múltiples aspectos de la vida diaria.

75 EDAD ANTIGUA · 2550-2490 a. C.

¿QUÉ ESPECIE DE AVE ERA EL FÉNIX?

El origen de tal criatura mitológica es desconocido, aunque Heródoto relató que se asemejaba a un *bennu*, una especie de garza (*Ardea bennuides*) del antiguo Egipto. En otras ocasiones, se representaba como un águila de plumaje de color dorado y rojo. Sin embargo, si lo asociamos con un ave real, esta sería un ejemplar macho de faisán dorado (*Chrysolophus pictus*), de colores vivos, pero en los que destaca la coloración dorada, roja y amarilla, y que es nativa de China.

76 EDAD ANTIGUA · 2500 a. C.

LA MAYOR COLECCIÓN DE PIRÁMIDES

Este conjunto se encuentra en el continente africano, pero no en Egipto, como se podría creer por la asociación inmediata que hacemos al oír hablar de pirámides. La mayor colección de pirámides del mundo se encuentra en Sudán, que cuenta con más de doscientas cincuenta, lo que supone ¡más del doble de las que tiene construidas Egipto! Fueron edificadas por la civilización nubia en torno al año 2500 a. C. y, actualmente, están amenazadas por las duras condiciones climatológicas debido al cambio climático.

77 EDAD ANTIGUA · 2000 a. C.

EL MINOTAURO TENÍA HOGAR

El legendario minotauro, el monstruo con cuerpo de hombre y cabeza de toro que se escondía en el laberinto y al que Teseo, el héroe ateniense, mató, vivió en el palacio de Cnosos durante el segundo milenio antes de Cristo. Así lo atestiguan los hallazgos del brillante arqueólogo inglés Arthur Evans, que logró unir la leyenda a la cultura minoica.

78 EDAD ANTIGUA · 1800 a. C.

LA PRIMERA HISTORIA DEL MUNDO

Se considera que es la *Epopeya de Gilgamesh*, la obra épica más antigua conocida, escrita en torno al año 1800 a. C. (precede en mil años al Antiguo Testamento cristiano y en mil quinientos a los escritos de Homero) en tablillas de arcilla con escritura cuneiforme. La historia que se narra abre las puertas a la visión del mundo en la antigua Mesopotamia, que fue hogar de los sumerios durante unos trescientos años y una civilización muy avanzada que dejó un gran legado a las sucesoras.

79 EDAD ANTIGUA · 1600 a. C.

DESCUBRIMOS LA SOPA DE AJO

El origen del ajoblanco es algo incierto. Algunas fuentes aseguran que tiene más de 2.000 años, otras se remontan al año 1600 a. C. y lo asocian a un brebaje mesopotámico compuesto por harina, vinagre y sal; aunque el *salmorium*, elaborado con trozos de pan, ajo machacado, agua fría, grasa animal, sal y algunas hierbas aromáticas, parece ser la base de la actual receta de esta sopa fría a la que, en tiempos de al-Ándalus, añadieron almendra. Más adelante, gracias al comercio con América, que trajo verduras y hortalizas desconocidas en Europa, se crearon otras variantes que nos proporcionaron platos como el gazpacho y el salmorejo.

80 EDAD ANTIGUA · 1550-1295 a. C.

LAS MASCOTAS DE LOS EGIPCIOS

No hay duda de que los gatos fueron las mascotas por antonomasia de los egipcios de la Antigüedad. Eran animales muy apreciados: se les ponía un nombre (aunque para designar a un gato en general se utilizaba su onomatopeya: *miu*) e, incluso, eran adorados por los faraones. Tamit, la gata del príncipe Tutmosis, tuvo su propio sarcófago y algunos dioses adoptaron su forma (como Bastet, diosa protectora de la maternidad y del hogar).

81 EDAD ANTIGUA · Hace más de 3.500 años (hacia el 1400 a. C.)

EL JUEGO DE PELOTA
DE LOS MAYAS

El juego de pelota maya (*pokolpok*) es uno de los rituales más conocidos de esta cultura y tiene más de 3.500 años de antigüedad. ¿Y cómo se jugaba? Dos equipos de siete integrantes se enfrentaban con el objetivo de pasar el esférico por los aros que se disponían en el extremo de la cancha; la pelota solo podía ser tocada por los hombros, los codos y la cadera. Parece ser que los mayas empezaron a jugar el *pokolpok* como una manera de resolver los conflictos y evitar las guerras, o bien para negociar y hacer tratos. Según el *Pophl Vuh*, su libro sagrado, este juego representa una lucha entre el bien y el mal, entre la luz y la oscuridad. El balón, que en todo momento debía estar en movimiento, representa el universo, los astros e, incluso, la vida y la muerte.

82 EDAD ANTIGUA · Hace más de 3.500 años (hacia el 1400 a. C.)

SACRIFICIOS DE SANGRE

La gran mayoría de los rituales mayas requerían sangre para ganarse el favor de los dioses; cuando los sacrificios eran humanos, los principales perjudicados eran los prisioneros de guerra, que se capturaban vivos y luego eran convertidos en esclavos, sometidos a escarnio público, mutilados y escrupulosamente preparados para agradar a las divinidades (antes del sacrificio, se les pintaba el cuerpo de color azul). Pero no solo se derramaba sangre de los prisioneros: también los gobernantes debían ofrecer la suya, que depositaban en hojas de papel de corteza, que era quemada como ofrenda. ¿Y sabes de dónde brotaba su sangre? ¡Los hombres se hacían un corte en los genitales y las mujeres se agujereaban la lengua y se pasaban una cuerda con púas por ella!

83 EDAD ANTIGUA · 1200-146 a. C.
LOS GRIEGOS DESCANSAN EN PAZ

Y es que la palabra «cementerio» proviene del griego *koimeterion*, que significa «dormitorio», «lugar donde dormir». El término que en un principio designaba el emplazamiento donde se realizaban los entierros era la denominada «necrópolis», también de origen griego, cuyo significado es «ciudad de los muertos». No obstante, y debido a la creencia cristiana de que la muerte no es más que un tránsito y que se «duerme» para después «resucitar», se sustituyó finalmente «necrópolis» por «cementerio» («dormitorio»).

84 EDAD ANTIGUA · 1200-146 a. C.
EL ARTE DE BUEN COMER

En la antigua Grecia, Epicuro llamó al arte de buen comer «gastronomía», que proviene de los vocablos griegos *gastro-* («estómago») y *nomos* («norma»). Esta denominación se empleó cada vez con mayor frecuencia para referirse a la preparación, presentación y degustación de los alimentos, y ha trascendido con éxito hasta nuestros días.

85 EDAD ANTIGUA · 1200-146 a. C.

EL SISTEMA EDUCATIVO HELÉNICO
TENÍA CABIDA PARA LAS NIÑAS

Aunque existen pocos documentos que den cuenta de la participación de las mujeres en la educación, se tiene constancia de, al menos, dos casos que lo certifican: el primero, la obra de la poetisa Safo de Lesbos, en el siglo VIII a. C., que dirigía una escuela para chicas en la que las jóvenes, antes de casarse, se formaban en las artes de la música, la danza y la poesía; el segundo es el caso de Aspasia de Mileto, compañera de Pericles, que, en la Atenas del siglo V a. C., representó a las heteras, un colectivo selecto de mujeres. Parece indudable, por tanto, que las niñas de los hogares con cierto poder adquisitivo, que estaban destinadas a contraer matrimonio legítimo y a llevar el control de la casa, recibían enseñanza básica similar a la de los chicos. Se especula, asimismo, que las mujeres acudían al gimnasio, pues la práctica de ejercicio físico se consideraba beneficiosa para la maternidad.

86 EDAD ANTIGUA · 1200-146 a. C.

SIRENAS ALADAS

La sirena es un ser mitológico que forma parte de nuestro imaginario desde los albores de la historia. En la mitología griega ya era un motivo recurrente, pero su cuerpo no era el de un pez, sino el de un ave. Las primeras sirenas tenían alas y se asociaban al inframundo. Su transmutación de pájaro a pez no llegó hasta la Edad Media, cuando se empezaron a asociar con el mar y la tentación carnal.

87 EDAD ANTIGUA · 1200-146 a. C.

TREGUA OLÍMPICA

En la antigua Grecia era habitual que las *polis* siempre anduvieran enzarzadas en alguna guerra, pero establecieron periodos de tregua para cuando se celebraran los Juegos Olímpicos; de este modo, los deportistas podían viajar a Olimpia sin contratiempos. Siguiendo este modelo, la Organización de Naciones Unidas (ONU), en 1993, resolvió que todas las naciones del mundo actuaran del mismo modo y se interrumpieran las guerras desde los siete días previos a la competición hasta los siete días posteriores a esta; desgraciadamente, esta resolución no cuajó.

88 EDAD ANTIGUA · Primer milenio a. C. (1000-1 a. C.)

CONEJOS
Y HUEVOS PARA PASCUA

Pésaj es la fiesta judía que se celebraba en el primer milenio antes de Cristo para conmemorar la liberación de los esclavos hebreos de Egipto. Se considera el precedente de la Pascua cristiana, que se estableció en el año 325 d. C. en el primer Concilio de Nicea. La aparición del conejo asociado a esta festividad como símbolo de fertilidad vino de la mano de la diosa Ostara, una divinidad germánica. Pero ¿qué tienen que ver los huevos con todo esto? La explicación más plausible se refiere al periodo de abstinencia precedente a la Pascua, en la que no se puede comer ni carne ni huevos. El excedente de huevos que no se podían consumir se hervían y se marcaban con tinturas naturales (de ahí la tradición de decorarlos) para distinguirlos de los frescos. El hecho de vaciar los huevos y rellenarlos de chocolate (que no entró en escena hasta el descubrimiento de América) se adoptó durante el reinado de Luis XIV.

89 EDAD ANTIGUA · Hace 3.000 años (hacia el 950 a C.)

HALLOWEEN TIENE RAÍCES CELTAS

El precursor de la actual fiesta de Halloween es Samhain, un festival pagano celebrado por los antiguos celtas que daba inicio al invierno (comenzaba al anochecer del 31 de octubre) y que probablemente durara tres días. Los celtas dividían el año en dos mitades: una luminosa y otra oscura, y se celebraban cuatro eventos que marcaban el cambio de las estaciones. Samhain, uno de esos acontecimientos, marcaba el comienzo de la mitad más oscura: correspondía al final de un año y el inicio del siguiente, y se consideraba que, en ese momento, la barrera entre el mundo humano y el sobrenatural se rompía. Los humanos acogían a los espíritus ofreciéndoles comida y bebida, por lo que era importante ganarse su favor. De ahí que naciera la tradición de disfrazarse (para asemejarse a los seres sobrenaturales) y de pedir dulces en las casas (como ofrendas que regalar a los espíritus).

90 EDAD ANTIGUA · Siglo VIII a. C.

POMPEYA, UNA JOYA ARQUEOLÓGICA

Pompeya fue fundada junto al río Sarno por los oscos, un pueblo itálico que habitaba en el sur de Italia antes de la ocupación romana, en el siglo VIII a. C. Esta sufrió una fatídica destrucción causada por el Vesubio, uno de los volcanes más famosos de Italia, que también acabó con la vida de uno de los grandes naturalistas de la historia de Roma, Plinio el Viejo, que no pudo resistirse a la tentación de observar el fenómeno de la erupción del volcán y pereció en el intento. De Pompeya hemos heredado una de las frases más leídas en los carteles que custodian las casas: «Cuidado con el perro», que proviene de los mosaicos con imágenes de perros que los habitantes de Pompeya empleaban como método disuasorio para los ladrones.

91 EDAD ANTIGUA · Entre el siglo VIII a. C y el V d. C.

¡BRAVO!

La acción de aplaudir como una manera de mostrar aprobación y admiración proviene de la cultura grecorromana. Se aplaudía en los eventos deportivos, las representaciones teatrales, las competiciones, los debates públicos… Era una manera de invocar a los dioses y de ahuyentar a los malos espíritus. La expresión «¡bravo!» con la que acompañamos los aplausos tiene un origen más tardío: proviene de los siglos XV y XVII, y se extendió gracias a la ópera italiana.

92 EDAD ANTIGUA · 715 a. C.

LA CESÁREA RELATIVA AL CÉSAR

Mucho se ha especulado sobre la etimología de la palabra «cesárea», lo que ha llevado incluso a asociarla con el hecho de que Julio César naciera por este método. Esta creencia se la debemos a Plinio el Viejo, pero lo más probable es que el término proceda de la *lex cesarea*, una ley del año 715 a. C. que establecía un procedimiento para extraer a un feto del vientre de la madre gestante en caso de que esta muriera para enterrarlos por separado (pocas veces se llevaba a cabo para salvar la vida del bebé).

93 EDAD ANTIGUA · 660 a. C.

LA MONARQUÍA MÁS ANTIGUA DEL MUNDO

La monarquía moderna más antigua (que aún hoy sigue gobernando) es la familia imperial japonesa. El Imperio de Japón se estableció en el año 660 a. C. y el primer emperador fue Jimmu. De la sucesión de los primeros gobernantes, no obstante, no hay evidencias históricas, por lo que algunos historiadores opinan que fueron más legendarios que reales. El primer caso documentado data del año 500 d. C., cuya línea sucesoria ha llegado hasta nuestros días.

94 EDAD ANTIGUA · 590 a. C.

AGUA ENVENENADA

La guerra química y biológica no es algo nuevo. En la Antigüedad también se servían de distintas tácticas para aniquilar al enemigo. El primer caso de un envenenamiento masivo (también de población civil) se documenta en el marco de la Primera Guerra Sagrada, cuando los atenienses y sus aliados asediaron la ciudad de Cirra, que tenía el control de la ruta entre el golfo de Corinto y Delfos. El suministro de agua de la ciudad fue envenenado con eléboro, una planta mortífera muy abundante en la cuenca mediterránea, con lo que la población fue masacrada y la ciudad cayó en torno al año 590 a. C. Tésalo, supuestamente uno de los hijos de Hipócrates, señala a Nebros, otro médico, como el culpable del envenenamiento, aunque existen distintas versiones sobre este suceso.

95 EDAD ANTIGUA · Siglo VI a. C.

EL ARTE DE CEPILLARSE LOS DIENTES

El arte de cepillarse los dientes viene de lejos: nuestros antepasados empleaban sal, ceniza y cáscaras de huevos para lavarse los dientes, aunque las primeras referencias a una especie de dentífrico las encontramos en algunos textos antiguos de los egipcios. Los ancestrales métodos para lavarse los dientes eran de lo más originales: desde la piedra pómez pulverizada en el antiguo Egipto a la orina humana en el mundo grecolatino. El primer cepillo de dientes, sin embargo, no se creó hasta la Edad Media. ¿Los artífices? Los chinos, que usaron espinas de pescado y huesos.

96 EDAD ANTIGUA · Siglo VI a. C.

EL ANTIPIOJOS MÁS ANTIGUO

Nada mejor para mantener la cabeza a salvo de los piojos que una buena peluca. O que se lo pregunten a los egipcios de la Antigüedad, que vislumbraron en este objeto una formidable manera de llevar el cabello perfectamente arreglado y aseado, así como de mantener la cabeza fresca ante las inclemencias del cálido y seco clima de Egipto.

97 EDAD ANTIGUA · Siglo VI a. C.

LA DEPILACIÓN NO ES UN INVENTO ACTUAL

Por todos es sabido que la higiene corporal para los egipcios de la Antigüedad era fundamental: prestaban mucha atención a su aspecto y cuidado personal, además de estar a la última en lo que a moda y maquillaje se refería. Higiene y belleza iban de la mano, por lo que quitarse el vello corporal para evitar los parásitos y las infestaciones de insectos estaban a la orden del día.

98 EDAD ANTIGUA · 495-435 a. C.

EL ORIGEN DE LOS COLORES

A pesar de que suele considerarse que Aristóteles fue el primero en proponer una escala cromática, en realidad se le adelantaron nada más y nada menos que ¡medio siglo! El filósofo griego Empédocles planteó mucho antes un sistema de colores básicos compuesto por el blanco, el negro, el rojo y el ocre amarillento, que asociaba a su teoría de los cuatro elementos: fuego, tierra, agua y aire, y que, combinados en distintas proporciones, permitían obtener distintos efectos cromáticos. Después de Empédocles, Demócrito de Abdera y Platón también matizaron y ampliaron la teoría del color. Hubo que esperar unos cuantos lustros, por tanto, para que Aristóteles expusiera su teoría.

99 EDAD ANTIGUA · 490 a. C.

FILÍPIDES, EL PRIMERO EN DISPUTAR LA ESPARTATLÓN

En el marco de la Primera Guerra Médica entre Grecia y Persia, en el año 490 a. C., tuvo sus orígenes la espartatlón, una carrera de ultrafondo de 246 kilómetros que se celebra cada año desde 1983 y en la que pueden participar muy pocos elegidos de cada país. Narra Heródoto de Halicarnaso, historiador y geógrafo griego, que, antes de la batalla de Maratón, los militares atenienses escogieron a un profesional de larga distancia, Filípides, para que recorriera los 246 kilómetros que separaban Atenas de Esparta con el fin de pedirles ayuda durante la invasión persa. Cuenta Heródoto que tardó treinta y seis horas en llegar. Actualmente, el atleta masculino que ostenta el récord absoluto de la prueba es Yiannis Kouros, que tardó veinte horas y veinticinco minutos; el récord femenino lo marcó, en 2015, la estadounidense Katalin Nagi, con veinticinco horas y seis minutos.

100 EDAD ANTIGUA · 480 a. C.

LA PRIMERA ALMIRANTE DE LA HISTORIA

Se llamaba Artemisia I de Caria. En el año 480 a. C., en el transcurso de la Segunda Guerra Médica, comandó una flota de cinco barcos del ejército del gran rey persa Jerjes I. Combatían contra los griegos en el cabo Artemisio y la isla Salamina, y mostró ser una buena estratega. Su sentido común la llevó a aconsejar al rey que no se adentraran a la bahía de Salamina para atacar, pues los griegos los superaban en número, pero Jerjes hizo caso omiso de sus sabias palabras. De haberlo hecho, probablemente la flota persa no hubiera acabado en el fondo del mar.

101 EDAD ANTIGUA · 479-333 a. C.

LOS INMORTALES PERSAS

Al cuerpo de infantería del ejército de la antigua Persia que participó en las guerras médicas, Heródoto lo bautizó con el nombre de los «inmortales», pero no porque solo pudieran morir decapitados, sino porque este cuerpo de élite del Imperio aqueménida nunca se veía mermado: cuando un soldado caía, automáticamente era reemplazado por otro. Como todos tenían el mismo aspecto, el enemigo, desmoralizado, creía realmente que combatía contra seres inmortales.

102 EDAD ANTIGUA · 456 a. C.

EL TRÁGICO DESTINO DE ESQUILO

Esquilo, uno de los padres de la tragedia griega, no pudo tener un final más trágico. Dos siglos después de su muerte, Hermipo de Esmirna así la relató: «Al dramaturgo, los augures le vaticinaron una muerte atroz: sería aplastado por una casa, pero era metafórico, y ante el miedo a que se le cayera la casa encima decidió vivir a la intemperie; poco podría imaginar que lo que le mataría no sería el techo de su hogar, sino la casa (el caparazón) de una tortuga que un águila dejaría caer sobre su cabeza».

103 EDAD ANTIGUA · 430 a. C.

LA PLAGA QUE ARRASÓ ATENAS

Cuando en el año 430 a. C. Atenas y Esparta se disputaban el control de Grecia en la guerra del Peloponeso, una mortal enfermedad que provenía de Egipto hizo decantar la balanza: la peste. Esta epidemia, que se cobró la vida de unas cien mil personas (entre ellas, la de Pericles, un importante político y orador), dejó tan mermadas a las tropas atenienses que acabaron por rendirse en el año 404 a. C.

104 EDAD ANTIGUA · Hace 2.400 años (hacia el 375 a. C.)

¿ES LA ATLÁNTIDA UN MITO?

Sí. Atlantis, la legendaria isla que supuestamente se encontraba en el Atlántico y que los dioses o un terremoto hundieron en el océano, no fue más que una creación que Timeo y Critias recogieron en sus diálogos hace casi 2.400 años. A pesar de que se ha tratado de localizar la isla durante siglos, jamás ha sido descubierta y no hay evidencia alguna de que haya podido existir.

105 EDAD ANTIGUA · 356-323 a. C.

EL FRUTO DE LAS CONQUISTAS

La ensalada o cóctel de frutas al que en España llamamos «macedonia» debe su nombre a uno de los mayores estrategas de la historia, Alejandro Magno, quien difundió, en el inmenso territorio que conquistó (que abarcaba desde su Grecia natal hasta el norte de la India), la cultura griega: política, lengua, literatura, arte y religión. Así, como un buen cóctel de frutas.

106 EDAD ANTIGUA · 338 a. C.

UN EJÉRCITO DE PAREJAS

Por raro que parezca, existió un ejército formado por ciento cincuenta parejas de hombres, porque se pensaba que, para no parecer débiles ante sus amados, sacarían a relucir todo su arrojo. Era el «batallón sagrado», un cuerpo de élite del ejército de Tebas que operó durante más de treinta años. Su última derrota fue a manos del ejército de Macedonia, liderado por Filipo II y Alejandro Magno, en la batalla de Queronea en el año 338 a. C.

107 EDAD ANTIGUA · 331 a. C

EN LA GUERRA TODO «SOLDADO» VALE

Convencer al enemigo de que tus fuerzas superan en volumen a las suyas es, sin duda, una táctica de desmoralización bastante efectiva. Eso es lo que hizo Alejandro Magno en su incursión persa. El ardid pudo llevarlo a cabo usando unos animales: las ovejas, en cuyas colas ató ramas de árboles para que el polvo que levantaban al moverse sugiriera que sus efectivos eran muy superiores a los reales. Por la noche, sustituía las ramas de los árboles por antorchas, que producían la ilusión óptica de multitud de hogueras.

108 EDAD ANTIGUA · 326 a. C.

UN ARMA INESPERADA

Alejandro Magno fue uno de los mayores conquistadores de todos los tiempos. En apenas una década, consiguió crear un imperio colosal, pero, como su logro no le parecía suficiente, puso rumbo hacia la India, un lugar enigmático para los griegos. Tras cruzar el Indo, en el 326 a. C., el ejército del gran conquistador se adentró en Punjab (hoy Pakistán), gobernado por el rey Poro. Allí libró la batalla de Hidaspes, en la que tuvo que combatir contra un arma de lo más temible: una manada de ochenta y cinco elefantes.

109 EDAD ANTIGUA · 240 a. C

¿DESDE CUÁNDO PUEDE VERSE EL COMETA HALLEY?

El cometa Halley se ha estado dejando ver en la Tierra desde antes de la era cristiana, nada menos que el año 240 a. C. Así lo ha consensuado la comunidad científica y lo han atestiguado varias manifestaciones científicas, como la reproducción en el tapiz de Bayeux (1066) y la famosa *Adoración de los Reyes Magos*, del pintor italiano Di Giotto, que probablemente se inspirara en el paso del cometa que tuvo lugar en 1301 para representar la forma de la estrella de Belén. Sin embargo, los Reyes Magos no pudieron haberlo visto, porque su paso más cercano a esta fecha debió de producirse en torno al año 12 a. C. ¿Cuándo podremos ver de nuevo el cometa Halley? Dicen que volverá a dejarse ver en el año 2061.

110 EDAD ANTIGUA · 208 a. C.

SE PUEDE MORIR DE RISA

Sí, se puede morir de risa y, si no, que se lo pregunten al filósofo griego Crisipo de Solos, que sufrió un ataque de risa (de hilaridad fatal) y falleció al ver a un burro comer higos e imaginárselo acompañando los higos con una copa de vino, según relata Diógenes Laercio.

111 EDAD ANTIGUA · Mediados del siglo I a. C.

¿EL PRIMER PERIÓDICO?

Las *Actas Diarias del Pueblo Romano* fueron los más parecido a un periódico actual, un medio a través del cual se difundían las noticias de la civilización romana. Según Suetonio, se empezaron a crear aproximadamente en el año 59 a. C. y se exhibían en distintos lugares cercanos al foro. Los primeros «periodistas» fueron los *diurnarii*, pero también existieron los *praeco* (los pregoneros que se encargaban de divulgar oralmente los escritos, porque gran parte de los romanos no sabían leer) y los copistas y los *librarii* (los editores que vendían las *Actas*).

112 EDAD ANTIGUA · 69-30 a. C.

INTELIGENCIA CONTRA BELLEZA

Lo que creemos conocer sobre Cleopatra VII, la última reina del antiguo Egipto, responde más a un mito transmitido por el arte que a la realidad. Mucho se ha ensalzado su belleza, su exotismo y sus múltiples amantes (aunque parece ser que no era tan hermosa como se ha figurado); sin embargo, pocos conocen que hablaba hasta diez idiomas (según Plutarco) o que escribió un tratado de medicina y cosmética.

113 EDAD ANTIGUA · 69-30 a. C.

UN MAQUILLAJE DE MUERTE

¿Quién podría imaginar a Cleopatra sin maquillar? En el antiguo Egipto, los tonos negros y verdes de los lápices de ojos no eran exclusivos de la realeza; el maquillaje, las mascarillas y los perfumes estaban al alcance de todas las clases sociales, con diferencias en cuanto a la calidad de los productos con que se elaboraban, eso sí. El icónico *khol* negro ha llegado hasta nuestros días, pero, por suerte, se comercializa sin las nocivas sales de plomo que se empleaban entonces y que podían resultar letales (aunque por aquel entonces se creyera que protegía a quien lo llevara de las bacterias que causaban infecciones oculares).

114 EDAD ANTIGUA · 44 a. C.

¿TÚ TAMBIÉN, BRUTO?

Escuchar esta frase a muchos seguramente nos remonte a los idus de marzo, minutos antes de que Julio César fuera traicionado, golpeado y apuñalado por los miembros del Senado, entre los que se encontraba Bruto, su pupilo. No obstante, estas no fueron las últimas palabras de uno de los mayores gobernantes de la antigua Roma: realmente, fue un invento literario a cargo del dramaturgo William Shakespeare para la tragedia *Julio César*.

115 EDAD ANTIGUA · 18-12 a. C.

¿PIRÁMIDES EN ROMA?

Así es. En Roma, junto a la puerta de San Paolo, podemos encontrar una: la pirámide Cestia, que Cayo Cestio Epulón, político, pretor y sacerdote romano, se hizo construir, entre los años 18 y 12 a. C., a modo de sepulcro, como el de los faraones egipcios. Precisamente, en el siglo I a. C. la cultura que provenía de Egipto se puso de moda en Roma.

116 EDAD ANTIGUA · Entre el 27 a. C. y el 476 d. C.

EL VERBO «COLONIZAR» NO SE LO DEBEMOS A COLÓN

El término «colonizar» deriva del vocablo latino *colonia*, de *colōnus*, que significa «labrador», «colono», muy anterior al nacimiento del descubridor de América. Por cierto, Colón es una traducción: su apellido italiano real es Colombo.

117 EDAD ANTIGUA · Entre el 27 a. C y el 476 d. C.

DIME QUÉ CALZAS Y TE DIRÉ QUIÉN ERES

El calzado más habitual en la antigua Roma eran las botas, los zapatos y las sandalias; llevar uno u otro era signo de estatus social. Las botas eran para los soldados rasos; los zapatos más elegantes (tipo mocasín) los vestían los ciudadanos para salir a la calle; los esclavos tenían terminantemente prohibido usarlos, y las sandalias quedaban relegadas al plano doméstico (como unas zapatillas de estar por casa).

118 EDAD ANTIGUA · Entre el 27 a. C. y el 476 d. C.

UNA PLANTA IMPRESCINDIBLE

Imprescindible en los hogares romanos por sus múltiples propiedades: medicinales, gastronómicas, bélicas y ¡hasta amorosas! El hinojo (*feniculum*) era mano de santo para curar las enfermedades de los ojos y esencial en la cocina romana, pues, con sus semillas, se elaboraba el pan, y no podía faltar en la dieta de los gladiadores porque se creía que otorgaba fuerza. Además, cuando los soldados salían victoriosos de una guerra, eran orlados con una guirnalda de hinojo alrededor del cuello. ¿Y qué hay de los enamorados? Para que la suerte acompañara a las parejas recién casadas, ¡había que lanzarles hinojo a los pies!

119 EDAD ANTIGUA · Entre el 27 a. C. y el 476 d. C.

EN INGLÉS BRINDAMOS CON PAN

To toast significa «brindar» en inglés. ¿Su procedencia? Las hipótesis apuntan al hecho de que los romanos introdujeran pan tostado en sus copas para brindar. El motivo era que las especias del pan tostado concedían mejor sabor al vino, le quitaban los malos olores y restaba amargor y acidez. El pan no se ingería; por eso, solía tirarse una vez que había cumplido su función.

120 EDAD ANTIGUA · Entre el 27 a. C. y el 476 d. C.

IN VINO VERITAS

Festejar con prudencia era necesario en la tumultuosa República romana, en la que el homicidio por envenenamiento estaba a la orden del día. Deshacerse de un rival político era tan sencillo como entrechocar las copas para que el vino envenenado salpicara en la suya. Estaba claro que uno no podía fiarse mucho de los compañeros en las celebraciones.

121 EDAD ANTIGUA · Entre el 27 a. C. y el 476 d. C.

HACER TURISMO NO ES UN INVENTO DE NUESTROS DÍAS

La palabra «turismo» procede del latín, del verbo *tornare*, que significa «volver», «hacer girar», es decir, hacer un viaje de ida y vuelta; algo que los romanos practicaban con asiduidad. Viajaban mucho, por distintas razones, pero distinguían perfectamente cuando se trataba de viajes de negocios (*negotium*) o de ocio (*otium*). En cuanto tenían la ocasión se alejaban del bullicio de la urbe, bien para admirar monumentos de otros lugares, bien para relajarse en alguna villa del sur de Italia o acudir a sus segundas residencias.

122 EDAD ANTIGUA · Entre el 27 a. C. y el 476 d. C.

LOS HELADOS SON PARA EL VERANO

Helados, bebidas frías, botijos, abanicos, piscina, turismo a lugares más frescos y casas bien ventiladas. ¿Inventos de nuestros tiempos? Para nada, todas estas soluciones también las aplicaban los romanos para combatir el calor infernal del verano. ¿Y cómo hacían los helados sin congelador? Mezclaban la nieve que obtenían en invierno (y que mantenían en verano en un pozo de hielo que tenían en sus *domus*) con zumo de frutas y miel para obtener una crema similar a los helados que tanto disfrutamos hoy día.

123 EDAD ANTIGUA · 12-41 d. C.

A CUERPO DE REY

El que así vivió fue Incitato, caballo predilecto de Calígula, el déspota emperador romano conocido también por sus muchas extravagancias. Cuenta Dion Casio que el caballo disponía de una villa en la que disfrutaba de todos los lujos que sus sirvientes le procuraban, degustaba una dieta que incluía marisco y pollo en la misma mesa del emperador, dormía a su lado las noches que precedían a una competición e incumplir el decreto de silencio para que el animal reposara tranquilo se sancionaba con la pena de muerte. Tal era la adoración que el emperador sentía por su caballo que fuentes romanas incluso narran su intención de convertirlo en cónsul para ofender a los senadores.

124 EDAD ANTIGUA · 23-79 d. C.

ESTÁ HECHO UN BASILISCO

El basilisco era un ser mitológico al que se le atribuía la capacidad de asesinar con la vista. Su apariencia es la de una criatura con cabeza y cuerpo de gallo, alas de dragón y cola de serpiente, pero ha modificado su aspecto con el paso del tiempo. Plinio el Viejo lo describió como una serpiente que provenía de Cirene, en el norte de África.

125 EDAD ANTIGUA · 69 d. C.

LOCUSTA, LA PRIMERA ASESINA EN SERIE DE LA HISTORIA

Mujer de origen galo, conocida por sus dotes para preparar pociones, fue acusada de asesinar a más de cuatrocientas personas y al emperador de Roma. Agripina la Menor la salvó de una condena a muerte como medio para conseguir sus fines: acabar con la vida de su esposo, el emperador de Roma, Claudio, y aniquilar a cualquiera que se interpusiera en sus ambiciones de poder.

126 EDAD ANTIGUA · 70-110 d. C.
QUERIDOS REYES MAGOS

Poco sabemos de ellos. La única referencia la encontramos en el Evangelio de san Mateo, que menciona a unos magos; la denominación puede interpretarse como la de astrólogo, pues se suponía que podían vaticinar acontecimientos gracias a la lectura de las estrellas. ¿Cuántos eran? No se sabe a ciencia cierta, pero el número tres se asocia a la cantidad de regalos que llevaron al Niño Jesús. ¿Sus nombres? No se conocieron hasta la Edad Media, cuando aparecieron escritos por primera vez en un mosaico de la basílica San Apolinar el Nuevo de Rávena en el siglo VI.

127 EDAD ANTIGUA · 98-117 d. C.
UN FARO DE DOS MIL AÑOS

Nos referimos a la torre de Hércules, que podemos visitar en A Coruña (Galicia), herencia del Imperio romano. Se erigió como faro entre los años 98 y 117 por mandato del emperador Trajano y en la actualidad aún sigue en funcionamiento. Se trata del faro más antiguo del mundo.

128 EDAD ANTIGUA · 104 d. C.
EL DEPORTISTA MEJOR PAGADO DE TODOS LOS TIEMPOS

Por muchos nombres que se te vengan a la cabeza, es probable que no aciertes quién fue el deportista mejor pagado de todos los tiempos. Se trata del auriga romano Cayo Apuleyo Diocles, que ganó cerca de catorce millones de euros actuales. Diocles compitió en un sinfín de carreras de carros durante un par de décadas; la peligrosidad y la espectacularidad que ofrecía en cada una de las carreras que disputó lo convirtieron en el deportista mejor pagado de la historia.

129 EDAD ANTIGUA · 150-900 d. C.

MAYAS Y AZTECAS PAGABAN CON CACAO

El cacao fue un producto de lujo para mayas y aztecas. Tanto es así que se empleó como moneda: con semillas de cacao se podían comprar todo tipo de productos y servicios. Incluso, se convirtió en un símbolo de riqueza (a los emperadores se los agasajaba con cacao) y también se empleaba como ofrenda a los dioses.

130 EDAD ANTIGUA · 198 d. C.

EL ATAQUE DE LOS ESCORPIONES

Sucedió en Hatra, una antigua ciudad cuyas ruinas se ubican cerca de la actual Mosul (Irak). Fue uno de los principales emplazamientos del Imperio parto, sitiado en dos ocasiones por las legiones romanas: la primera en el año 116 d. C., liderada por el emperador Trajano; la segunda en el año 198 d. C., comandada por Séptimo Severo. En este segundo sitio, el enemigo se valió de un arma que, sin duda, tuvo un poderoso efecto disuasorio: vasijas con escorpiones que los defensores habían recogido del desierto. Al ser lanzadas a modo de granadas, los escorpiones quedaron esparcidos por el suelo y los romanos huyeron atemorizados.

131 EDAD ANTIGUA · Siglo I d. C.

NERÓN Y EL INCENDIO DE ROMA

Sin duda, fue un personaje cruel y no le tembló el pulso a la hora de asesinar, ni siquiera a su tutor Séneca, a su hermanastro o a su madre. No obstante, no se ha podido determinar que fuera el responsable de provocar el gran incendio ocurrido en Roma el año 64 d. C. y que asoló gran parte de la ciudad. El historiador Tácito, por ejemplo, escribió que Nerón se encontraba en su villa en la ciudad de Antium, a cincuenta y seis kilómetros de Roma, por lo que no podría haber sido él. Lo que sí se sabe es que, tras el incendio, se hizo construir un opulento palacio: la Domus Aurea.

132 EDAD ANTIGUA · Siglo II d. C

LA COMUNICACIÓN ESCRITA

El uso del papel facilitó la comunicación por escrito entre las personas, porque es más fácil de elaborar que el papiro y más duradero y ligero que el pergamino. En el año 105, en China, se desarrolló este útil invento, que inicialmente se elaboraba con telas, cortezas de los árboles y redes de pesca. Los chinos guardaron celosamente el secreto de su elaboración, por lo que costó que saliera de Asia. En Europa, por ejemplo, no se conoció hasta el XI y, un siglo después, se cambiaron las técnicas de producción y las materias primas (se utilizó lino y cáñamo), con lo que mejoró, y mucho, su calidad.

133 EDAD ANTIGUA · Siglos I-III d. C.

LA PRIMERA CIENTÍFICA DE LA HISTORIA

Se ha concedido este título a María la Judía, también conocida como María la Hebrea y Miriam la Profetisa. Poco se conoce de su vida, aunque se sabe que nació en Alejandría, entre los siglos I y III. Se la considera pionera en el campo de la alquimia: a ella se atribuyen inventos de destilación y sublimación, como el conocido baño María.

134 EDAD ANTIGUA · 280-303 d. C.

SAN JORGE CONVERTIDO EN LEYENDA

El santo que liberó a la princesa y mató al dragón, que prácticamente todo el mundo conoce y que es patrón de muchas ciudades, fue un ciudadano romano y un excelente militar que nació en Mitilene de Capadocia en el año 208. No hay mucho más reseñable en su vida, salvo por un dato que lo convirtió en leyenda: la tortura a la que fue sometido por el emperador Diocleciano en la gran persecución a los seguidores de Cristo. Las comunidades cristianas del Asia Menor, ante la noticia de lo sucedido, lo convirtieron en un mártir y el deseo popular lo elevó a la categoría de santo: san Jorge se convirtió en un icono de culto y las distintas versiones que circularon en torno a las torturas sufridas hicieron el resto. Por cierto, varias investigaciones de filólogos han determinado que san Jorge no nació el 23 de abril, pero que esa fecha sí que fue la de su defunción, en el año 303.

135 EDAD ANTIGUA · 280 d. C.

EL ORIGEN DE PAPÁ NOEL

Papá Noel, en España; *Père Noël*, en Francia; *Father Christmas*, en Gran Bretaña... son los *alter ego* del Santa Claus norteamericano que se ha vinculado a san Nicolás, un santo griego que nació en el año 280 y que fue obispo de una ciudad romana de la actual Turquía. Este hombre no era un anciano alegre, regordete, de barba blanca y mejillas sonrojadas (este aspecto se lo debemos al caricaturista Thomas Nast); tampoco vivía en el Polo Norte ni repartía regalos. San Nicolás fue un defensor de la doctrina eclesiástica al que se le asignaron varios milagros; sin embargo, en torno al año 1200, según cuenta el historiador Gerry Bowler, autor del libro *Santa Claus: a Biography*, empezó a ser conocido como patrón de los niños y portador de regalos mágicos.

136 EDAD ANTIGUA · 370-415 d. C.

HIPATIA DE ALEJANDRÍA, UNA DE LAS PRIMERAS CIENTÍFICAS

Hipatia de Alejandría realizó importantes contribuciones en el campo de las ciencias. Astrónoma y matemática, fue una mujer influyente y muy admirada en la ciudad. Lo que conocemos de su vida proviene de los escritos de sus muchos discípulos, en los que se entremezclan datos verídicos con otros ficticios. Su cruel asesinato a manos de un grupo de cristianos fanáticos la elevó a la categoría de leyenda.

137 EDAD ANTIGUA · 370 d. C.

LOS HUNOS NO ERAN TAN BÁRBAROS

Cuando nos referimos a los hunos, automáticamente pensamos en personas salvajes, fieras, crueles, sanguinarias; en definitiva, en bárbaros. Su fama ha trascendido a lo largo de la historia e, incluso, se empleó como calificativo para referirse a los alemanes durante la Primera Guerra Mundial. Sin embargo, estudios recientes han desvelado que los hunos convivieron con los romanos y que, incluso, hubo un intercambio cultural. Los investigadores también ponen en duda la caída del Imperio romano por la supuesta culpa de este pueblo.

138 EDAD ANTIGUA · Siglos III-VI d. C.

UNA CIUDAD EN UN PALACIO

El casco histórico de Split (Croacia) creció dentro del palacio que el emperador romano Diocleciano se hizo construir entre los siglos III y IV. Originalmente, la residencia se asemejaba a una fortaleza militar de treinta y ocho metros cuadrados, pero su interior era todo lujo. En 1979, el núcleo histórico de Split fue declarado Patrimonio de la Humanidad por la Unesco.

139 EDAD ANTIGUA · 453 d. C.

LA EXTRAÑA MUERTE DEL REY DE LOS HUNOS

Atila, rey de los hunos, que unificó a las tribus para emprender audaces conquistas, murió en extrañas circunstancias, lo que ha dado pie a las más inverosímiles versiones sobre su fallecimiento. La más extendida fue que feneció durante su noche de bodas a causa de una hemorragia nasal agravada por el exceso de comida y alcohol. Aún hoy las razones por las que murió son un misterio. Hay quien lo ataña a posibles hemorragias pulmonares causadas por alguna infección, un tumor o a la tuberculosis; hay quien opina que podría tratarse de alguna enfermedad del hígado, que también provocaría hemorragias, y otros se alejan del hecho de que se tratara de una dolencia y señalan a su esposa como la perpetradora del asesinato.

140 EDAD ANTIGUA · Entre el siglo IV y el 1453 d. C

LA REPRESENTACIÓN DEL TIEMPO

Desde los albores de la historia, los humanos hemos sentido la necesidad de medir el tiempo. El primer reloj lo crearon los egipcios de la Antigüedad: era un reloj de agua llamado «clepsidra». Más adelante, en el siglo VIII, un monje francés inventó el reloj de arena, que sustituyó al de agua porque era más preciso, y, en el Imperio bizantino, se creó un mecanismo de pesas y ruedas, que fue el precedente del reloj mecánico que se desarrollaría completamente en la Europa occidental.

EDAD MEDIA

141 EDAD MEDIA · Siglos v-xv

EXTRACTO DE MOMIA PARA CURAR TODOS LOS MALES

Poco importaba si se trataba de un dolor de barriga, de una cefalea o de la peste bubónica. Nada se le resistía a la *mumia*, un remedio casero elaborado con restos de momias que, durante la Edad Media, triunfó para solventar todos los males. Su fama se extendió por Europa durante al menos unos cinco siglos. ¿Su procedencia? Lo más probable es que se tratara de un error de traducción de un remedio que sí existía.

142 EDAD MEDIA · Siglos v-xv

EL UNICORNIO DEL MEDIEVO

Gnomos, hadas, elfos, enanos, dragones, unicornios… Las historias sobre estas criaturas míticas se difundieron en la Edad Media, cuando se compilaron muchas leyendas y bestiarios. Dentro de todas, el unicornio quizá sea la entidad mágica medieval por antonomasia. A diferencia de otros seres mitológicos que se creían invisibles, se pensaba que el unicornio sí que se podía ver y se le atribuían poderes curativos. Este animal sobrenatural, que en la actualidad representamos como un caballo con un cuerno en la frente, era en realidad un híbrido entre un caballo y una cabra: tenía pezuñas, barba y un cuerno en la frente.

143 EDAD MEDIA · Siglo v

EL CERO ES INVENCIÓN DE LOS INDIOS

Aunque su origen no se conoce con exactitud, la Royal Institution ha apuntado que debemos el número cero a los indios, quienes lo incluyeron en su sistema numérico en torno al siglo v para indicar la ausencia de número. Los hindúes lo llamaban *shunya*, es decir, «ausencia de algo». Su uso se extendió en las culturas china, árabe e islámica. En Europa no fue aceptado hasta el siglo xiii, cuando académicos como Fibonacci le concedieron importancia y defendieron el sistema de numeración en sus trabajos.

144 EDAD MEDIA · Siglo V

EL FUEGO GRIEGO

Eurípides, en su tragedia *Medea*, hacía referencia a un arma de fuego que no podía apagarse ni con agua. Sus orígenes son algo difusos, así como su receta, pero se cree que se inventó en torno al año 668 por un griego que se llamaba Calínicos. No fue usado como arma hasta que los bizantinos atacaron la flota musulmana que asediaba Constantinopla. En el siglo XIII los cruzados lo denominaron «fuego griego», un arma secreta letal que en la Edad Media también se usó contra el Imperio bizantino.

145 EDAD MEDIA · 476

INICIOS DEL IMPERIO BIZANTINO

La desintegración del Imperio romano de Occidente en 476, al deponer Odocrato al emperador romano Rómulo Augusto, se ha considerado el inicio de la Edad Media. Sin embargo, al este de Europa y en parte de Oriente Próximo sobrevivió casi durante mil años más: es lo que se ha denominado Imperio bizantino. Pero ¿sabías que el Imperio nunca usó este nombre, sino el de Imperio romano de Oriente?

146 EDAD MEDIA · 565

¿EXISTE EL MONSTRUO DEL LAGO NESS?

La leyenda de Nessie existe desde tiempos inmemoriales. La primera aparición en la literatura data de una biografía de santa Columba escrita en el año 565, que cobró fuerza cuando, en 1933, un periodista informó del avistamiento de un animal prehistórico. Desde entonces, se han producido múltiples avistamientos ocasionales a lo largo de los siglos, que no han hecho más que alimentar la leyenda, pues todas las investigaciones llevadas a cabo han desestimado la existencia de esta mítica criatura acuática.

147 EDAD MEDIA · Siglo VI

UN TEMPLO POLIVALENTE

Hablamos de Santa Sofía, ubicada en Turquía, que fue construida en el siglo VI como catedral ortodoxa. En 1453, cuando los otomanos conquistaron Constantinopla, la convirtieron en mezquita; posteriormente, casi medio milenio después, albergó un museo. Desde el 1 de agosto de 2020 vuelve a ser nuevamente una mezquita.

148 EDAD MEDIA · Siglo VI

LOS NINJAS ANÓNIMOS

Los ninjas, o *shinobi no mono* («los que se ocultan»), eran agentes secretos en Japón, por lo que, en contraposición a la imagen que tenemos hoy de ellos (vestidos de negro y con la cabeza cubierta), su «secretismo» realmente pasaba por convertirse en personas anónimas; es decir, vivían y vestían como la gente corriente para no levantar sospechas.

149 EDAD MEDIA · Siglo VII

TODOS LOS SANTOS
SE CELEBRABA EN PRIMAVERA

La fiesta de Todos los Santos, que el papa Bonifacio IV instauró en el siglo VII para recordar a los mártires del cristianismo, se celebraba el 13 de mayo. Fue Gregorio III quien, un siglo después, cambió la fecha de la conmemoración al 1 de noviembre con el objetivo de sustituir la celebración de las fiestas paganas de los difuntos, como el Samhain de los celtas y el Mundus Patet de los romanos.

150 EDAD MEDIA · 622

EL NACIMIENTO DEL ISLAM

La fundación del islam se denomina «hégira» y sucedió en el año 622, cuando Mahoma y sus seguidores abandonaron La Meca y se dirigieron a Medina para escapar de las autoridades, que eran contrarias a esta nueva religión.

151 EDAD MEDIA · 700-1600

LOS PROTAGONISTAS DE RAPA NUI

Los protagonistas monolíticos de Rapa Nui, en la isla de Pascua, son los moái, cuyo nombre significa «escultura» en la lengua de los nativos de la isla. Se estima que hay más de novecientos moáis distribuidos por todo Rapa Nui, construidos con piedra volcánica y madera. De diferentes tamaños (el más alto mide veintidós metros), representan a los antepasados difuntos de los nativos. Cómo transportaron las cabezas es un misterio, aunque varias hipótesis señalan que se empleaban plataformas de madera con rodillos que permitían trasladarlas.

152 EDAD MEDIA · Siglos VIII-X

UN CUENTO CHINO

Existen varias hipótesis sobre el origen del cuento de la Cenicienta. Una de ellas asegura que procede de un cuento chino, escrito durante la dinastía Tang, entre los siglos VIII-X. Este relato nos narra la historia de Yeh Shen, una bella joven de pies diminutos que vivía con su madrastra y sus hermanastras. Estas no la trataban bien y la obligaban a encargarse de las tareas del hogar. El cuento no está exento de escenas sangrientas y el final que sufre la protagonista se aleja, y mucho, del que Disney nos ofreció.

153 EDAD MEDIA · Siglos VIII-IX
LOS ENANOS GRANDES

Los enanos, esos seres bajitos y fuertes que viven en casas subterráneas, proceden de los mitos y del folclore de la mitología germánica. En nórdico antiguo se llamaban *dvergr* y, aunque guardan similitudes con la imagen que tenemos actualmente de estas criaturas, mucho de lo que el imaginario colectivo entiende por enano dista bastante de los originales, pues son fruto de invenciones posteriores. Es el caso, por ejemplo, de suponer que eran bajitos. En la mitología nórdica quizá no lo fueran, pues no se incide en su estatura; es más, algunos de sus nombres apelan al hecho de que eran grandes: Fullangr significa «suficientemente alto» y Har se traduce como «alto».

154 EDAD MEDIA · Siglos VIII-IX
LOS VIKINGOS NO TENÍAN CUERNOS

Mucho creemos saber sobre los vikingos, sobre todo desde que algunas series y películas recientes nos han despertado la curiosidad en ellos. Pero ¿cuánto de lo que sabemos tiene una base real? He aquí una creencia bastante extendida: los cascos que portaban los vikingos estaban ornamentados por grandes cuernos. Al pensar en un guerrero nórdico, es normal que lo primero que se nos venga a la cabeza sea este atuendo tan particular; probablemente debido a la ilustración de un libro de esta temática de 1820, que retrataba a los vikingos con cascos con cuernos. Sin embargo, se trata de un mito: estos cascos nunca tuvieron cuernos.

155 EDAD MEDIA · Siglos VIII-IX

EL DRAGÓN FRANCÉS
DE LOS VIKINGOS

Si bien es cierto que los *drakkar* eran como se llamaban los navíos que los guerreros escandinavos empleaban en la guerra, ni eran los únicos buques con los que contaban (también tenían barcos de recreo y de cargamento) ni eran algo propio de los nórdicos. El término *drakkar* significa «dragón», proviene del francés y el hecho de que sus navíos llevaran animales en la proa no era algo exclusivo de los escandinavos: las naves del resto de Europa también solían llevarlos, pues tenía una función meramente decorativa.

156 EDAD MEDIA · Siglos VIII-IX

NI LOS BUENOS SON TAN BUENOS
NI LOS MALOS SON TAN MALOS

Como en la gran mayoría de las versiones de vencedores y vencidos, lo más probable es que los vikingos no fueran tan bárbaros como nos los han descrito. Los relatos de sus incursiones han sido contados por las víctimas, por cristianos que no entendían cómo podía haber personas tan crueles y sanguinarias capaces de asaltar un templo sagrado y no dejar títere con cabeza.

La leyenda oscura en torno a su figura nos ha brindado un estereotipo distorsionado que ha trascendido hasta nuestros días. No eran salvajes guerreros que saqueaban y asesinaban sin ton ni son; eran estrategas y sus incursiones eran planeadas: previo a un ataque, estudiaban las costumbres de las poblaciones de las regiones que asaltaban.

Su propósito tampoco era solo obtener botines. Muchos nórdicos se lanzaban a la mar como un modo de huir de las excesivas exigencias de sus nobles; y los que zarpaban en sus *drakkar* en busca de riquezas también comerciaban con pieles, grasa y colmillos de foca.

157 EDAD MEDIA · Siglos VIII-IX

LOS BERSERKER
Y SU FUROR COMBATIVO

Desde hace más de un siglo se ha relacionado la ira de los *berserker*, la élite de los guerreros vikingos, aquellos que combatían sin armadura y en un estado de trance, al hecho de que ingirieran *Amanita muscaria*, un tipo de hongo que, además de dolores estomacales, podía provocar vértigos, incoordinación, euforia, alteraciones de la visión, alucinaciones e, incluso, la muerte. Sin embargo, un nuevo estudio de Karsten Fatur, etnobotánico de la Universidad de Liubliana, ha puesto en duda esta teoría y, en su lugar, ha afirmado que la supuesta planta podría haber sido el *Hyoscyamus niger*, o beleño negro, cuyos efectos secundarios se ajustan mucho más a los síntomas que los guerreros mostraban en combate. Sea como fuere, el pavor que infundían y la furia que desataban en batalla se debía al estado de enajenación provocado por una droga que los transformaba en salvajes, pues repartían hachazos a diestra y siniestra sin discriminar a quién se llevaban por delante.

158 EDAD MEDIA · Siglos VIII-IX

EL HAFGUFA,
UN MONSTRUO MARINO

En los bestiarios medievales podemos encontrar a una criatura mágica que recibía el nombre de *hafgufa*. Este animal de la mitología nórdica al que los vikingos temían ha sido identificado como una ballena, pero su manera de alimentarse abriendo la boca a modo de trampa es algo que hasta 2020 no se había observado. Conocer esta estrategia ha permitido relacionar a este cetáceo con las descripciones que los nórdicos hacían de esta criatura hace más de mil años.

159 EDAD MEDIA · Siglo IX

UNA DE LAS MAYORES OBRAS MAESTRAS DEL ARTE ANDALUSÍ

La Alhambra de Granada, de estilo nazarí, es probablemente una de las construcciones más famosas del arte islámico. La hizo construir Muhammad I sobre una fortaleza erigida en el siglo IX y allí trasladó su corte en el año 1237. El reino nazarí de Granada fue el último de los reinos musulmanes de la península ibérica.

160 EDAD MEDIA · 823

INICIO DEL CAMINO DE SANTIAGO

Se dice que la tradición de recorrer el camino la inició Alfonso II, rey de Asturias, en el año 823, cuando decidió acudir a pie desde Oviedo al lugar en el que descansaban los restos del apóstol Santiago el Mayor. El lugar era inicialmente desconocido y permaneció oculto durante años, pero hoy lo conocemos perfectamente: Santiago de Compostela. Nuevas rutas se fueron trazando gracias a la peregrinación de los fieles de los países vecinos hacia Santiago, quienes vieron en este tránsito uno de los mejores momentos de sus vidas, que les permitiría conocer nuevas culturas y adquirir conocimientos.

161 EDAD MEDIA · 852

LA CONQUISTA DEL CIELO

Soñar con volar viene de lejos. En el año 852 se hizo el primer intento de surcar los cielos en Córdoba. Abbás Ibn Firnás, un científico andalusí, fabricó un rudimentario paracaídas que probó lanzándose desde el minarete de la mezquita de Córdoba, pero no tuvo mucho éxito. Después, ideó unas alas de madera y tela de seda, pero el invento tampoco fraguó. Aun así, el osado inventor sobrevivió en las dos ocasiones.

162 EDAD MEDIA · 960-1279

EL FÚTBOL NO LO INVENTARON LOS INGLESES

Esta es la creencia popular más extendida, pero, en realidad, el fútbol es un invento de los chinos, que fue muy popular durante la dinastía Song, entre el año 960 y 1279. Los militares chinos practicaban *tsu'chu*, en el que se empleaba un balón de cuero relleno de piel de animal o de plumas que debían introducir en la portería del equipo contrario sin usar las manos; la portería se componía de dos palos que tensaban una tela con un agujero dispuesto en el medio. Es el precedente del fútbol profesional que hoy conocemos; y este sí: empezó en Inglaterra en 1863.

163 EDAD MEDIA · Finales del siglo X

EL MÁGICO TOQUE DEL REY

Se inició y desarrolló en Inglaterra y Francia durante la Edad Media y se prolongó hasta principios del siglo XIX. El toque del rey fue un ritual que consistía en que el monarca, que se suponía que había sido dotado de un poder milagroso al haber sido coronado en una ceremonia religiosa, curaba a los enfermos que padecían escrófula (una inflamación de los ganglios linfáticos) tocándolos tan solo con las manos. Las crónicas y leyendas ayudaron a difundir esta idea y los monarcas aprovecharon la credulidad de sus súbditos para afianzar su poder.

164 EDAD MEDIA · Hacia el año 1000

LOS PRIMEROS EUROPEOS EN PISAR SUELO AMERICANO

Fue cerca del año 1000. Los primeros intrépidos conquistadores europeos que lograron alcanzar la costa noreste de Canadá fueron los vikingos, que procedían de Islandia y Groenlandia. Lo bautizaron con el nombre de Vinlandia, que significa «tierra de vinos», ya que eran tierras prósperas en vides que ofrecían buen vino.

165 EDAD MEDIA · Siglos X-XIII

LA PALABRA «ASESINO» PROCEDE DE PERSIA

Esta palabra deriva de unos famosos guerreros, los *hashishiyyin*, originarios de Persia. Pertenecían a una secta islámica chiita que, al verse amenazados por el califato fatimí, que quería conquistar sus castillos, se defendían asesinando a miembros de la realeza. La invasión mongola del siglo XIII los hizo desaparecer.

166 EDAD MEDIA · 1066

FUEGO DE COBERTURA

Así se llamó una medida adoptada por Guillermo I el Conquistador, el primer rey normando de Inglaterra, que no era más que un toque de queda. A las ocho de la tarde había que apagar las luces con el objetivo de evitar los incendios y de reducir los índices de criminalidad que pudieran atentar contra su Gobierno.

167 EDAD MEDIA · 1074-1076

ENAMORADOS HASTA LAS TRANCAS, ¿O NO?

¿Rodrigo Díaz de Vivar y Jimena Díaz se casaron por amor? No constan registros de que así fuera, como tampoco de que el Cid hubiera de batirse en duelo para demostrar su amor. Todo parece indicar, según las costumbres de la época, que el suyo fue otro matrimonio marcado por los intereses políticos.

168 EDAD MEDIA · 1076-1082

EL CONDE DE BARCELONA Y EL HALCÓN

Ramón Berenguer II, hijo de Ramón Berenguer I de Barcelona y Almodis de la Marca, y hermano (probablemente gemelo) de Berenguer Ramón II, fue conde de Barcelona junto con su hermano, con quien, según el testamento de su padre, debía gobernar en igualdad de condiciones. Las discordias entre ellos, sin embargo, fueron una constante. En 1082, mientras Ramón Berenguer II se dirigía de Barcelona a Girona por la Perxa de l'Astro, un lugar boscoso, fue atacado por unos desconocidos, su cuerpo fue lanzado a un río y descubierto después por su halcón. El drama de su muerte ha suscitado una leyenda con multitud de variantes.

169 EDAD MEDIA · Siglo XI

UNA GINECÓLOGA PIONERA EN EL MEDIEVO

Se llamaba Trotula de Ruggiero y nació a principios del siglo XI. Aunque se desconocen muchos aspectos de su vida, se sabe que se formó en la Escuela Médica Salernitana, fundada en el siglo IX y considerada la precursora de las universidades. También allí ejerció como médica e investigadora. Sus obras, centradas en el campo de la ginecología, se convirtieron en imprescindibles.

170 EDAD MEDIA · Siglo XII

¿QUIÉN SE ESCONDE TRAS LA FIGURA DE ROBIN HOOD?

Es probable que la figura del bandolero justiciero que robaba a los ricos para dárselo a los pobres no fuera más que fruto del imaginario, pues esta representación se aleja de los bandidos que vivían en la Edad Media. Los historiadores han especulado que Robin Hood podía haber sido una mezcla de tres personajes históricos: un campesino proscrito, un soldado del conde Lancaster que estuvo al servicio de Eduardo II y uno de los barones que se alzaron contra el rey Juan entre 1200 y 1215.

171 EDAD MEDIA · Siglo XII

LA ORDEN DE LOS TEMPLARIOS

¿Quién no ha oído hablar de ellos? Ya sea en la ficción o en la historia, han dado mucho de qué hablar. Fue una orden militar cristiana creada en el siglo XII, tras la Primera Cruzada, para proteger a los peregrinos que acudían a Jerusalén. Estuvo ligada durante siglos a la lucha por Tierra Santa. Su poder y prestigio aumentó tanto que los templarios llegaron a ser muy temidos. Felipe IV, rey de Francia, presionó al papa Clemente V para que fueran declarados herejes. Como consecuencia, la orden fue suprimida.

172 EDAD MEDIA · 1154-1485

LA MONARQUÍA BRITÁNICA MÁS LONGEVA

Si preguntamos cuál fue la dinastía que gobernó en Gran Bretaña durante más tiempo, lo más normal es que pensemos automáticamente en los Estuardo o los Tudor. La respuesta acertada, sin embargo, sería la de Plantagenet, que gobernó desde el año 1154 al 1485. De esta dinastía surgieron dos casas (Lancaster y York), que se enfrentaron por el trono en la guerra de las Dos Rosas.

173 EDAD MEDIA · 1159

UNA MOSCA ASESINA

Se dice que el papa Adriano IV murió en el año 1159 por culpa de una mosca. Un día, al beber agua de una fuente pública, una mosca se introdujo en su boca y murió asfixiado al quedársele atrapada en la garganta. Lo inverosímil de las historias que han circulado en relación con su muerte ha llevado a sospechar que estas fueron inventadas para ocultar la verdadera razón, que sigue siendo un enigma. Algunas hipótesis señalan que fue asesinado por apoyar la invasión normanda de Irlanda y a Federico I, al que nombró emperador. Otros historiadores apuntan a que su muerte se debió a unas simples anginas que le provocaron infección y asfixia.

174 EDAD MEDIA · Siglo XII

EL NACIMIENTO DE LOS INCAS

El Imperio inca, o *Tawantinsuyu*, fue el mayor y más poderoso del continente americano. Abarcaba Perú, Colombia, Chile, Bolivia, Ecuador y Argentina, y en él habitaban más de seis millones de personas. Quién y cuándo lo fundó es algo que no está del todo claro, aunque diversas investigaciones sitúan sus orígenes en el siglo XII, cuando las primeras familias se asentaron en el valle de Cuzco. Según la leyenda de Inca Garcilaso de la Vega, Manco Capac fue su primer gobernante y fundador de la ciudad.

175 EDAD MEDIA · Siglo XII

EL ARTE DE LA ORFEBRERÍA DE LOS INCAS

Las piezas de oro y plata de los incas son muy conocidas por su belleza, pero el arte de la orfebrería lo aprendieron de los chimús, un pueblo vecino al que conquistaron.

176 EDAD MEDIA · Siglo XII

LOS SISTEMAS DE COMUNICACIÓN DE LOS INCAS

Los incas desconocían la escritura, pero se comunicaban de un modo poco convencional: usaban los quipus, que significa «nudo», pues consistía en una serie de cuerdas de lana o algodón anudadas que almacenaban información contable; la cantidad de nudos, la distancia entre ellos y los colores eran un registro. Hay autores que incluso afirman que estos cordeles esconden poemas épicos de sus difuntos, por lo que podrían constituir un sistema de comunicación mucho más sofisticado de lo que se creía en un principio.

177 EDAD MEDIA · Siglo XII

SERVICIOS EN EL MÁS ALLÁ

Los gobernantes incas, que eran considerados los hijos del dios Indi, o Sol, recibían todo tipo de servicios cuando fallecían. Eran momificados y tratados como si en realidad aún estuvieran vivos: los sirvientes cubrían todas sus necesidades, participaban en las celebraciones, asistían a los banquetes y eran llevados en procesión hasta las embajadas de otros territorios.

178 EDAD MEDIA · 1200-1450

LA CIUDAD MAYA MÁS LONGEVA

No es otra que Tulum, ubicada en la península de Yucatán, en el estado de Quintana Roo, en la costa del mar Caribe. Esta ciudad amurallada de la cultura maya, construida en torno al año 564 y cuyo nombre original era Zama («amanecer») es una de las ciudades más longevas, pues aún estaba habitada cuando los españoles llegaron a la península.

179 EDAD MEDIA · 1217

EN EL BLANCO

Enrique I, rey de Castilla y sucesor de su padre Alfonso VIII, falleció a los trece años jugando con otros niños de su edad. Íñigo de Mendoza, uno de ellos, le arrojó tal pedrada que lo hirió en la cabeza y los médicos de la época no pudieron hacer nada por salvarle la vida.

180 EDAD MEDIA · 1233

LOS GATOS DEL DIABLO

Existe la creencia de que en la Edad Media hubo un exterminio masivo de gatos debido a que eran considerados animales del diablo y porque se creía que fueron los culpables de transmitir la peste. Nada más lejos de la realidad: en la Edad Media no solo no se exterminaron gatos, sino que su número aumentó. El origen de este bulo procede de una bula, es decir, un documento pontificio de interés general, que el papa Gregorio IX remitió al rey Enrique VII en 1233 y en la que explicaba los ritos satánicos de una secta que Conrado de Marburgo denunció ante el papa. Sin embargo, en esta bula ni se solicitaba el exterminio de los gatos ni se asociaba el animal con la peste, que no llegaría hasta un siglo después.

181 EDAD MEDIA · Siglos V-XV

LAS BRUJAS CERVECERAS

Durante la Edad Media, las mujeres eran quienes se dedicaban al arte de fabricar cerveza, pues se consideraba una tarea del ámbito doméstico. Era por eso por lo que era habitual ver tabernas o mesones regentados por mujeres. Las fabricantes de cervezas solían vestir con colores oscuros. Cuando llevaban su producto al mercado para venderlo, vestían un sombrero puntiagudo para destacar entre la multitud y, para indicar que la cerveza estaba lista, colocaban una escoba fuera de la casa. Con estos datos, te puedes imaginar de dónde proviene la imagen que actualmente tenemos de las brujas, ¿verdad? Con la entrada de la Reforma protestante, a principios del siglo XVI, muchas de estas mujeres fueron sospechosas de practicar la brujería y preparar pócimas: era una estrategia perfecta para hacerles perder clientela.

182 EDAD MEDIA · Siglos V-XV

... Y LOS GATOS NEGROS

Los gatos han sido desde antaño los mejores aliados para los fabricantes de cerveza, pues mantenían a los roedores lejos del grano. Su color negro puede que se debiera a una asimilación con los colores oscuros de las ropas que vestían las cerveceras. En el antiguo Egipto, los gatos eran las mascotas predilectas y en la Edad Media no podían ser menos. Sin embargo, y probablemente por la asociación de las cerveceras con la brujería, se estigmatizó también a este animal, que se convirtió en un símbolo de espíritus malignos.

183 EDAD MEDIA · Siglos V-XV

EL RAMO DE FLORES EN LA EDAD MEDIA

El ramo de flores no es un invento de la Edad Media. Aunque sus orígenes son algo difusos, se cree que fue un invento del antiguo Egipto. En el medievo, sin embargo, empezó a popularizarse su uso, pero no por la razón que erróneamente muchos han supuesto: que servía para enmascarar los malos olores por la poca higiene que imperaba en la época. Los medievales no eran tan sucios como se cree. En realidad, entregaban los ramos como símbolo de respeto y solían acompañar con flores las notas de amor que enviaban a sus conquistas.

184 EDAD MEDIA · 1286

TODO DEPENDE DE CÓMO SE MIRE

Alessandro della Spina, monje franciscano del siglo XIII, fue el precursor de las gafas tal como hoy las conocemos. Se fabricaron en Pisa y solucionó los problemas para ver de cerca. Los miopes tuvieron que esperar algo más, pues no fue hasta el siglo XV cuando se inventaron las lentes cóncavas; y aún tuvieron que pasar un par de siglos más hasta que las gafas lucieron unas patillas.

185 EDAD MEDIA · Siglo XIII

BIENVENIDOS AL VALHALLA

Los vikingos no se autodenominaban como tal: este término fue una invención de los cronistas europeos para aludir a los pueblos escandinavos que, entre los siglos VIII y XI, surcaban los mares e invadían otros territorios. Todo lo que conocemos sobre la mitología escandinava, a diferencia de la clásica (griegos y romanos dejaron testimonio escrito propio), es fruto de los escritos del siglo XIII, cuando los vikingos dejaron de ser vikingos y el cristianismo se había extendido por su territorio.

186 EDAD MEDIA · Siglo XIII

LA PALABRA «GUAY» SE EMPEZÓ A USAR EN LA EDAD MEDIA

No es una palabra nueva, aunque así lo hayamos pensado. Su significado, sin embargo, sí ha cambiado con respecto al original, pues la palabra «guay» se empleaba en el siglo XIII como onomatopeya para expresar dolor. Después de caer en desuso, se recuperó en los años ochenta del siglo XX para significar justo lo contrario. ¿Cómo se dio este fenómeno? Lo desconocemos, pero no es el único vocablo que ha sufrido tal modificación: es lo que se denomina «autoantónimo».

187 EDAD MEDIA · Siglo XIII

ÁLVAR FÁÑEZ SE FUE POR LOS CERROS DE ÚBEDA

Bajo el reinado de Fernando III, en el año 1234, durante la reconquista de Úbeda por parte de los cristianos, un general brilló por su ausencia, pues desapareció al iniciarse la contienda y apareció, tras haber sido dado por muerto, una vez que la ciudad fue reconquistada. Su explicación fue que se había perdido por los cerros que la rodeaban. La corte no le creyó. Si realmente se perdió o no se desconoce, pero algunas leyendas señalan que huyó para encontrarse con una joven morisca de la que se había enamorado.

188 EDAD MEDIA · Siglo XIII

JUEGO DE PALMA, EL PRECEDENTE DE LOS JUEGOS DE RAQUETA

El juego de palma (*jeu de paume*, en francés) se ha considerado el precedente de los juegos de raqueta. Nació en la Edad Media y fue muy popular entre los siglos XIII y XVII. Inicialmente, se jugaba con la palma de la mano (*paume*), pero en el siglo XVI se introdujeron las raquetas como un modo de evitar las lesiones. El reglamento del tenis tal como lo conocemos hoy no nació hasta 1874, a cargo del galés Walter Clopton Wingfield.

189 EDAD MEDIA · Mediados de la Edad Media (siglos XI-XIII)

LA DE GUTENBERG NO FUE LA PRIMERA IMPRENTA

Durante muchos siglos, el único modo de reproducir textos implicaba tener que copiarlos a mano; hasta que llegó la imprenta, invención atribuida a Johannes Gutenberg. Aunque Gutenberg inventó un sistema para elaborar libros de manera mecánica, la suya no fue la primera imprenta que existió.

A mediados de la Edad Media, cada página de texto se tallaba en planchas de madera. Gutenberg mejoró esta técnica incorporando algunas innovaciones fundamentales: la posibilidad de fabricar individualmente cada carácter o símbolo grabado a punzón (lo que permitía que se pudieran ordenar en cada impresión) o el uso de una tinta más intensa que la empleada hasta entonces.

190 EDAD MEDIA · 1307

EN MARTES 13 NI TE CASES NI TE EMBARQUES

¿Y a quién debemos la creencia de que el martes 13 trae mala suerte? Pues a Marte, el dios romano de la guerra, cuya influencia en la vida cotidiana no era bien recibida por los romanos, que evitaban hacer negocios, casarse o celebrar cualquier evento que cayera en martes. El hecho de que, precisamente, sea en 13 proviene de la tradición cristiana: trece fueron los invitados de la última cena, un viernes 13 fue crucificado Jesucristo y el 13 de octubre de 1307 tuvo lugar el inicio de la persecución contra los templarios. Pero ¿sabías que, en América, la mala suerte cae en viernes 13, y no en martes, y que el número 13 en la cultura china es símbolo de buena fortuna y prosperidad?

191 EDAD MEDIA · 1316

EL REINADO MÁS BREVE DE LA HISTORIA

Juan I de Francia, llamado Juan el Póstumo, fue rey de Francia y de Navarra, pero por un periodo muy breve de tiempo. Su reinado duró tan solo cinco días: del 15 al 20 de noviembre de 1316.

192 EDAD MEDIA · 1330-1826

PRISIONEROS PARA LA CAUSA

El hecho de hacer prisioneros para incorporarlos al propio ejército viene de antaño. Orhan I, en el año 1330, creó un cuerpo de soldados formado por prisioneros de guerra cristianos: los jenízaros. Los sultanes otomanos los criaban desde pequeños para que se sintieran como una gran familia. De este modo, se convertían en su guardia personal de alto nivel; acumularon tanto poder y riqueza que incluso el sultán podía acabar quedando a su merced. Mahmud II, en 1826, decretó su disolución y la confiscación de sus bienes.

193 EDAD MEDIA · 1348-1351

LA PANDEMIA MÁS FAMOSA DE LA HISTORIA

A pesar de que tenemos muy presente la pandemia de la COVID-19, otra que se dio en el siglo XIV, entre los años 1348 y 1351, fue aún más mortífera: el 60 % de la población de Europa perdió la vida en ella y hasta el año 1600 no se recuperaron los niveles demográficos de entonces. Era la peste negra.

194 EDAD MEDIA · 1337-1453

LA GUERRA DE LOS CIEN AÑOS NO DURÓ CIEN AÑOS

El conflicto bélico más largo de Europa enfrentó a los reyes de Francia e Inglaterra, pero no duró en realidad cien años, sino ciento dieciséis. Empezó en 1337, cuando el rey de Inglaterra, Eduardo III, reclamó su derecho al trono galo, y finalizó en 1453, con la victoria de los franceses.

195 EDAD MEDIA · 1450

UNA CIUDAD SANTUARIO OLVIDADA

El Machu Picchu, la ciudad inca más conocida de Sudamérica y de la cultura nazca y una de las siete maravillas del mundo moderno (declarada Patrimonio de la Humanidad en 1983), cayó en el olvido, por increíble que parezca, durante siglos, hasta que en 1911 el explorador Hiram Bingham, cuando buscaba las ruinas de Vilcabamba (el último reducto inca en caer ante los españoles), la redescubrió y volvió a colocarla en el mapa.

196 EDAD MEDIA · Siglos XIII-XIV

LAS CABALLERAS MEDIEVALES

A lo largo de la Edad Media, los caballeros medievales eran considerados hombres virtuosos a disposición de los señores feudales, los monarcas y la Iglesia, que encarnaban los ideales de valor, generosidad, cortesía y defensa de la cristiandad. Al contrario de lo que pueda imaginarse, también las mujeres podían ser armadas caballeras; prueba de ello son Juana de Arco, Juana de Flandes o Isabel I de Castilla. No en vano existe una palabra latina para referirse a ellas: *equitissa*.

197 EDAD MEDIA · 1472

EL BANCO MÁS ANTIGUO DEL MUNDO

Se trata del Monte dei Paschi di Siena, que se fundó en 1472 y aún hoy sigue en activo. Cuenta con tres mil sucursales y treinta y tres mil empleados. En sus orígenes nació como una entidad benéfica que ofrecía dinero a los pobres a cambio del empeño de sus pertenencias. No fue hasta 1624 cuando funcionó oficialmente como un banco.

198 EDAD MEDIA · Siglos V-XV

A TRAVÉS DE LA VENTANA

La Edad Media fue una época de fructíferos avances, en la que se idearon muchos de los inventos que han llegado hasta nuestros días; algunos de lo más sorprendentes. ¿Alguna vez te has planteado cómo eran las ventanas antes de tener cristales? Por increíble que parezca, antes de la Edad Media resultaba complicado ver algo a través de las ventanas, porque se cubrían con materiales opacos, como tapices o telas. No fue hasta la Edad Media cuando se empezaron a incorporar los cristales en las ventanas.

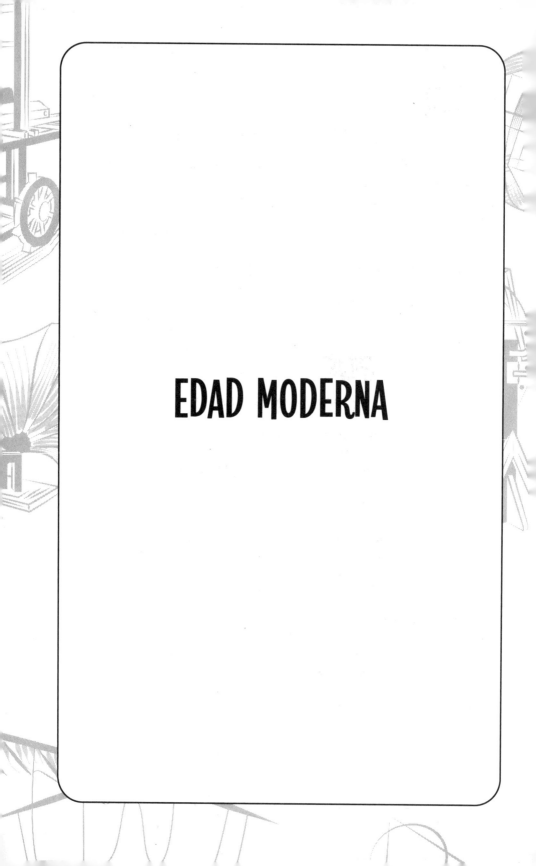

EDAD MODERNA

199 EDAD MODERNA · Entre finales del siglo XIII y principios del XVII

EL DESARROLLO DEL RENACIMIENTO

Aunque el movimiento cultural y artístico del Renacimiento, una de las épocas más innovadoras y a la que pertenecen algunos de los artistas y científicos más conocidos de la historia, tiene sus raíces en la Edad Media (a finales del siglo XIII, años especialmente centrados en la escritura y en la pintura), no fue hasta los siglos XIV-XVI cuando empezó a extenderse al resto de las artes y a las ciencias. Es entonces cuando el italiano Giorgio Vasari acuñó el término. El movimiento se desarrolló a lo largo de varios siglos y su finalización depende de cada país (en algunos se alargó hasta principios del siglo XVII).

200 EDAD MODERNA · 1485

¡MI REINO POR UN CABALLO!

Esta frase pronunciada por Ricardo III al perder a su caballo en la batalla de Bosworth, donde perdió la vida el 22 de agosto de 1485, es, como muchas otras que han trascendido hasta nuestros días, fruto de la creatividad literaria de un autor: William Shakespeare.

201 EDAD MODERNA · 1491-1547

LAS ESPOSAS DE ENRIQUE VIII

Como reza la canción, Enrique VIII, de la casa Tudor, fue uno de los reyes más impopulares de la corona británica, debido al mal trato que dio a sus esposas. Tuvo seis, nada más y nada menos, de las cuales solo la última, Catalina Parr, le sobrevivió. Catalina de Aragón (la primera) y Ana de Cléveris (la cuarta) fueron repudiadas, Ana Bolena (la segunda) y Catalina Howard (la quinta) fueron decapitadas al ser acusadas de adulterio y Juana Seymour (la tercera) falleció al dar a luz.

202 EDAD MODERNA · 1492

LEONARDO DA VINCI, UN VISIONARIO QUE SURCABA LOS AIRES

Sin duda, la faceta más conocida de Leonardo da Vinci es la de artista, pero también diseñó y mejoró muchos artilugios, tanto de uso cotidiano como bélicos o voladores. Algunos de ellos de lo más curiosos y adelantados a su tiempo: el ornitóptero (una máquina voladora inspirada en la anatomía de los pájaros que tenía cuatro alas, pero que nunca pudo probar); el primer intento de paracaídas, o el tornillo aéreo, que puede considerarse el primer prototipo de helicóptero que existió, aunque no se fabricó hasta 1877, cuando Enrico Forlanini, basándose en sus diseños, creó el primer helicóptero, que se mantuvo en el aire durante casi un minuto y medio.

203 EDAD MODERNA · 1492

LA ESFERICIDAD DE LA TIERRA

Así es: la Tierra es esférica y ni en la Antigüedad (siglo IV a. C.) ni en la Edad Media tenían dudas al respecto. Colón bien sabía que la Tierra no era plana, incluso conocía sus dimensiones, y era consciente de que poner rumbo a Asia iba a ser un largo viaje que no podría realizarse sin hacer etapas. ¿De dónde partió la idea de que en la Edad Media se pensara que la Tierra era plana? Pues el artífice fue el escritor americano Washington Irving, que, en su biografía de Colón de 1828, narró la Conferencia de Salamanca, en la que el navegante expuso su viaje y en la que Irving abusó de imaginación. Lo llamativo es que la falsedad de Irving calara y que haya llegado hasta nuestros días.

204 EDAD MODERNA · 1492
COLÓN EN AGUAS DEL CARIBE

La isla Guanahani, la primera que pisó Colón en aguas caribeñas y bautizada como San Salvador, aún hoy es tema de debate, ya que no se sabe a ciencia cierta a qué isla actual correspondía. Se cree, aunque por hipótesis, que podría tratarse de las islas Watling en las Bahamas. Lo que sí se ha descubierto recientemente (2020) es que, cuando Colón llegó al norte del Caribe, los aborígenes caribes ya habitaban allí, en contra de la creencia de que estos aborígenes no habían ido más al norte de Guadalupe. De hecho, procedían de América del Sur y se habían establecido en torno al año 800.

205 EDAD MODERNA · 1492
LOS INDIOS AMERICANOS

Aunque Colón no dudaba de la esfericidad de la Tierra, en lo que al tamaño se refiere andaba bastante despistado: calculó que tenía cien mil kilómetros menos de los que en realidad tiene. En aquella época, se pensaba que la Tierra se dividía en tres partes: Europa, África y Asia; y Colón, que estaba convencido de sus dimensiones geográficas, al alcanzar las costas del actual continente americano creyó haber puesto los pies en Asia. De ahí que llamara «indios» a los nativos y que las islas de las Antillas y el continente fueran las Indias de Asia.

206 EDAD MODERNA · 1495
COLÓN NO TUVO LA CULPA

La terrible epidemia que se cobró la vida de más de cinco millones de personas a finales del siglo XV en Europa tenía un nombre, y se llamaba sífilis. Durante siglos, se ha atribuido a Colón y a sus marineros la culpa, y se los ha acusado de importarla de América, pero un estudio realizado por el Instituto Max Planck de Ciencia de la Historia Humana, tras analizar los huesos de varios esqueletos con signos de haber padecido la enfermedad, ha determinado, aunque las conclusiones no son definitivas, que muy probablemente la enfermedad estuviera presente en Europa antes de que Colón zarpara rumbo a América.

207 EDAD MODERNA · Siglo XV
EL ORIGEN DE LA MONA DE PASCUA

El origen de la mona de Pascua, el postre con forma de roscón típico que se consume en algunas comunidades autónomas (Cataluña, Islas Baleares, Comunidad Valenciana y Región de Murcia) al final de la Cuaresma, es incierto, aunque se cree que proviene de un dulce del siglo XV que los moriscos ofrecían a sus señores: la *mouna* (palabra árabe que significa «provisión de la boca»). Otras fuentes lo asocian a la *cuddura*, un dulce de Sicilia que se comía durante la Pascua y que procedía de los ritos litúrgicos ortodoxos.

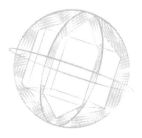

208 EDAD MODERNA · Siglo XV
LA ESPADA MÁGICA DEL REY ARTURO

Una espada con nombre propio y tan famosa como su propietario, Excalibur, fue extraída por Arturo Pendragon de la piedra en la que había sido mágicamente clavada, convirtiéndolo en rey de Inglaterra. Solo él pudo empuñarla y, a su muerte, fue devuelta a la Dama del Lago, su propietaria original. Esta leyenda es universalmente conocida, pero ¿de dónde procede la espada mágica? El origen del mito entraña un gran misterio: varias fuentes mencionan la espada, aunque no se dice nada de que fuera arrancada de una piedra. El primero que cuenta que pudo ser extraída de una piedra fue el escritor Thomas Malory en su obra *La muerte de Arturo*, en el siglo XV.

209 EDAD MODERNA · Siglo XV
LAS PECULIARIDADES DE LEONARDO DA VINCI

¿Quién no conoce al gran pintor e inventor renacentista Leonardo da Vinci? Más allá de su indiscutible genio, Leonardo fue una persona muy especial: era zurdo, pero curiosamente dibujaba con una mano y escribía con la otra; también escribía al revés y muchos de sus textos hay que leerlos frente al espejo para poder entenderlos.

210 EDAD MODERNA · 1508-1509

RIVALIDAD ARTÍSTICA

Cuando Rafael Sanzio apenas contaba con veinticinco años, pintó uno de los frescos más famosos del siglo XVI por encargo del papa: *La escuela de Atenas*, que estaba destinado a decorar una sala que albergaba la biblioteca de los aposentos privados del papa Julio II. Esta sala está ubicada en los Museos Vaticanos, a unos pocos metros de la capilla Sixtina, donde, entre 1508 y 1512, Miguel Ángel también estaba pintando los frescos de la bóveda. En 1514, el papa León X encargó a Rafael los cartones de los tapices para la capilla Sixtina a fin de decorar la parte baja, algo que enfureció a Miguel Ángel. De esta rivalidad se ha originado más de una leyenda: como que los tapices acabaron en los sótanos del Vaticano, aunque se sabe que Miguel Ángel no tenía el poder de vetarlos.

211 EDAD MODERNA · 1590

LA COLONIA PERDIDA

Cuando el recién nombrado gobernador de la colonia de Roanoke, el británico John White, cruzó el Atlántico para llevar suministros a los colonos, se llevó una inquietante sorpresa: el asentamiento estaba completamente abandonado. Nadie conocía el paradero de los ciento quince habitantes que parecían haber desaparecido de la faz de la tierra y, desde entonces, numerosos exploradores, arqueólogos y aventureros se embarcaron en una búsqueda en la que solo contaban con una única pista: la palara *croatoan* tallada en un poste y un árbol de la isla de Roanoke. Las investigaciones y hallazgos de objetos europeos en la zona parecen indicar que los desaparecidos se dividieron y acabaron integrándose en comunidades indígenas cercanas. Sin embargo, hoy sigue siendo un misterio sin resolver.

212 EDAD MODERNA · Principios del siglo XVI

LOS PRIMEROS COMBATIENTES QUE USARON ARMAS DE FUEGO

El primer cuerpo en basar su estrategia de guerra en las armas de fuego fue uno de infantería del Imperio español: los tercios, creados a principios del siglo XVI. Se componían de tres tipos de soldados: los arcabuceros, mosqueteros y piqueros. Fueron los primeros en usar las armas de fuego a gran escala en Europa, pero pronto las naciones enemigas combatirían empleando los mismos recursos y los tercios perderían su ventaja, lo que los llevó a desaparecer en el siglo XVII.

213 EDAD MODERNA · 1479-1555

JUANA, LA REINA LOCA

Juana I de Castilla, que permaneció casi medio siglo confinada en un castillo de Tordesillas, se granjeó el apodo de «la Loca» a causa de su inestabilidad mental, pero ¿qué hay de cierto en ello? Mientras que algunos estudiosos opinan que no fue más que una conspiración política para inhabilitarla y que no se interpusiera en los intereses de Fernando para controlar Castilla, hay pruebas que respaldan la teoría de que no estaba plenamente en sus cabales como para gobernar. Ella misma, según atestiguó Francisco de Borja, en su lecho de muerte, admitió enfermar con frecuencia y sentirse incapaz de gobernar sus reinos.

214 EDAD MODERNA · 1519

LA PRIMERA VUELTA AL MUNDO SURCANDO LOS MARES

La primera vuelta al mundo la llevaría a cabo Fernando de Magallanes, que partió en 1519 y navegó hasta que falleció en Mactán (Filipinas). A su muerte, Sebastián Elcano le tomó el relevo y completó la circunnavegación de la tierra.

215 EDAD MODERNA · 1519

INDIGESTIÓN DE MELONES

El emperador romano-germánico Maximiliano I supuestamente falleció a causa de ¡una indigestión de melones! Su muerte no carece de intrigas: otros cronistas relatan que fue debido a un resfriado mal curado. También se cuenta que fue enterrado en un ataúd que él mismo mandó construir años antes.

216 EDAD MODERNA · 1520-1523

UNA CONFUSIÓN QUE CREÓ UNA LEYENDA

Hay muchas leyendas en torno a Hernán Cortés. Tanto es así que uno de los episodios más conocidos que han convertido al conquistador en un símbolo de valentía, el de la quema de barcos, nunca existió. Así lo relata el mismo Cortés en las *Cartas de relación*. La confusión vino dada por un error del cronista Cervantes Saavedra, que entendió «quemado» en lugar de «quebrado», pues, en realidad, los barcos con los que partió de Cuba estaban deteriorados y la decisión del conquistador de desguazarlos restaba posibilidades de continuar hacia México.

217 EDAD MODERNA · 1530-1584

EL TERRIBLE REY

Iván IV de Rusia se ganó a pulso el apodo del «Terrible». Nombrado gran príncipe de Moscovia en 1533, con tan solo tres años, y primer zar y gran príncipe de Rusia en 1547, fue un gran estratega, un hombre muy tenaz y un gran diplomático. Si bien es cierto que durante su mandato propició enormemente el desarrollo de la cultura rusa, también fue muy autoritario y cruel: sometió a los boyardos al látigo y a la horca, y, en 1581, en un arranque de ira, hizo asesinar hasta a su propio hijo.

218 EDAD MODERNA · 1540

LAS SIETE CIUDADES ORO

Las míticas tierras de oro, llamadas «siete ciudades», que los españoles del siglo XVI creían que existían en algún lugar del sudoeste de Norteamérica, no se encontraron en lugar alguno. En 1540, Francisco Vázquez de Coronado emprendió una expedición que partió de Compostela y que lo llevó al noroeste de México, hoy Nuevo México, donde tampoco encontró rastro de aquellas tierras. Convencido de la existencia de otra ciudad de oro aún mayor, Quivira, que no fue más que una invención de los nativos con el propósito de alejar a la expedición de sus tierras, se dirigió hacia el sudoeste de Norteamérica. En el trayecto, García López de Cárdenas, uno de los oficiales de Coronado, dio con uno de los paisajes más famosos del continente: el gran cañón del Colorado.

219 EDAD MODERNA · 1542

LA REINA MÁS JOVEN DE LA HISTORIA

Coronada reina con tan solo seis días (1542), María Estuardo tuvo una vida turbulenta y trágica. La comprometieron (y descomprometieron) con el hijo de Enrique VIII, el príncipe Eduardo, cuando tan solo tenía ocho meses, y a los cinco años con el delfín francés, Francisco; se casó a los quince años, reinó un año y enviudó a los diecisiete. Tras la muerte de su marido, regresó a Escocia, donde no fue bien recibida. En 1565 se casó con su primo segundo Enrique Estuardo, lord Darnley, que acabó siendo asesinado; supuestamente por James Hepburn, el conde de Bothwell, con quien María se casó y que también murió. Las desavenencias por el trono con su prima Isabel de Inglaterra la llevaron a estar prisionera durante casi veinte años. Finalmente, fue condenada a muerte por traición: por conspirar contra la reina y la seguridad del reino. Fue ejecutada y murió como una mártir católica.

220 EDAD MODERNA · 1542

EL AMAZONAS FUE BAUTIZADO POR UN ESPAÑOL

Un extremeño, más concretamente, Francisco de Orellana, que emprendió la primera navegación por el Amazonas en diciembre de 1542. Tras un periplo salpicado de peligros, la expedición fue atacada por unas mujeres audaces, belicosas y con largas trenzas enrolladas sobre la cabeza. Según él mismo describió, el parecido con las míticas guerreras griegas lo llevó a bautizar el río con el mismo nombre: Amazonas.

221 EDAD MODERNA · 1546

EL ARTE DE COMUNICARSE

Fue durante el Renacimiento cuando se empezó a tener en cuenta a los sordomudos. Desde la Antigüedad, habían sido denostados y marginados: a Aristóteles se le atribuye, por ejemplo, la sentencia que afirmaba que las personas sordas de nacimiento carecían de ideas morales y de pensamiento abstracto. El primero en rebelarse contra esta realidad fue Pedro Ponce de León, un monje benedictino español, que, en 1546, enseñó el arte de hablar a los niños mudos. El éxito de su trabajó corrió como la pólvora, también en los círculos de la Corte, pues vieron en su método de enseñanza el modo de subsanar la ley que prohibía a los mudos heredar. Más adelante, en 1620, Juan de Pablo Bonet publicó la obra *Reducción de las letras y arte para enseñar a hablar los mudos*, en la que explicaba su método pedagógico, así como un alfabeto manual al que llamó «abecedario demostrativo» y que consistía en que a cada letra le correspondía una postura concreta de la mano derecha. Sin duda, estos métodos fueron precedentes importantes del conocimiento de la lengua de signos en España.

222 EDAD MODERNA · 1553

EL REINADO MÁS CORTO DE LA HISTORIA EN GRAN BRETAÑA

Duró tan solo nueve días y lo protagonizó Jane Grey en 1553, una joven de dieciséis años que fue considerada una de las más inteligentes y cultas de su tiempo. Primera mujer en ocupar este cargo en Inglaterra, a la que llamaron la «reina de los nueve días» por la brevedad de su mandato. Era prima de Eduardo VI (hijo de Eduardo VIII y Juana Seymour, quien sucedió a su padre en el trono con tan solo nueve años también por un breve periodo de tiempo) y el fin de su paso por el trono fue cosa de los partidarios de María I, a quien reclamaron como sucesora legítima por ser la primogénita de Enrique VIII.

223 EDAD MODERNA · 1553-1558

¿UN BLOODY MARY?

El nombre de este cóctel se lo debemos a María I de Inglaterra, hija de Enrique VIII y Catalina de Aragón, que se granjeó el apelativo de «reina sangrienta» por su persecución del protestantismo: condenó a la hoguera a doscientas setenta y tres personas contrarias a la reinstauración del catolicismo.

224 EDAD MODERNA · 1558-1603

PLOMO PARA LA REINA

Según las crónicas de la época, Isabel I, hija de Enrique VIII y Ana Bolena, última gobernante de la dinastía Tudor, era de las mejor valoradas. Bajo su reinado, Gran Bretaña se convirtió en una gran potencia mundial, consolidó el anglicanismo como religión oficial de Inglaterra y reforzó la enemistad entre su país y España al ordenar la decapitación de María Estuardo (católica) en 1587. A pesar de tanto éxito, no siempre tuvo las mejores ideas. En sus retratos, aparecía con la tez muy blanca debido al maquillaje, pero ese pequeño acto de vanidad le salió caro. El maquillaje contenía plomo y se sospecha que sus problemas de salud estuvieron relacionados con el uso de este metal en su rutina de belleza.

225 EDAD MODERNA · 1546-1601

ÉRASE UN HOMBRE A UNA NARIZ PEGADO

El hombre: Tycho Brahe; la nariz: una prótesis de oro y plata. ¿Cómo llegó el astrónomo sueco que tantos logros científicos aportó a las páginas de la historia a poseer tal nariz postiza? De un modo bastante excéntrico, como gran parte de las anécdotas que circundan su vida: una disputa sobre sus conocimientos en matemáticas. Sucedió en 1569; Tycho tenía veintitrés años y estudiaba en Wittenberg. Otro estudiante lo retó a un duelo, en el que el científico perdió parte de su nariz, por lo que el resto de su vida tuvo que lucir una brillante prótesis metálica.

226 EDAD MODERNA · 1571

EL MANCO DE LEPANTO

En octubre de 1571, la Santa Alianza, una coalición militar formada por España, Venecia y Roma, entró en combate contra el Imperio otomano en una de las batallas navales más famosas de la historia: la batalla de Lepanto. En el transcurso de esta contienda, Miguel de Cervantes fue herido de un balazo en la mano izquierda, que le quedó inutilizada, y le valió el apodo del «manco de Lepanto».

227 EDAD MODERNA · 1572-1612

EL HOMBRE DE BARRO

Cuenta la leyenda que, en tiempos del emperador Rodolfo II (1572-1612), un rabino creó a un hombre de barro llamado Gólem. Cuando se acusó a los judíos de la desaparición de un niño cristiano y se los expulsó de la ciudad, el rabino, con el objetivo de salvar a la comunidad judía, construyó sobre el fango de la orilla del río Moldava a un ser artificial que cobraría vida; así se lo dictaminó un sueño. Según se rumorea, los restos de Gólem aún están guardados en un ataúd escondido en Praga y puede ser devuelto a la vida si alguna vez vuelve a ser necesario.

228 EDAD MODERNA · 1578-1621

LA ABSURDA ETIQUETA DE LA CORTE ESPAÑOLA

Muchos son los monarcas que han sido objeto de calumnias y en torno a sus figuras han circulado las más curiosas anécdotas. Este es el caso de Felipe III, de quien se cuenta que murió por una absurda cuestión de etiqueta: estaba el rey sentando frente a la chimenea cuando el fuego empezó a avivarse, pero a él no le estaba permitido levantarse para sofocarlo, tampoco a los cortesanos que se hallaban en la sala, solo el duque de Uceda tenía la potestad de hacerlo. Como resultado, sufrió una inflamación de la piel provocada por el calor del fuego que le provocó unas fiebres mortales. El rumor corrió como la pólvora por las cortes europeas y fue recogida por Antoine de La Place en su obra *Pièces intéressantes et peu connues pour servir à l'histoire*. La realidad es que Felipe III falleció por unas fiebres provocadas por una infección en la piel, pero no por culpa ni del fuego ni de la etiqueta.

229 EDAD MODERNA · 1585 (o 1592)

CATALINA DE ERAUSO, TODO UN PERSONAJE

Catalina de Erauso bien podría haber sido un personaje de una novela del Siglo de Oro español. Su vida está plagada de las más increíbles anécdotas, que conocemos gracias a unas memorias autobiográficas. Cuáles son reales y cuáles son inventadas es todo un misterio. Catalina fue monja, vistió y vivió como un hombre, fue ludópata, pendenciera, homicida muy buscada en Perú, batalló contra los indios mapuches, fue militar y finalmente condenada a muerte. Una vida tan apasionante no podía pasar desapercibida y el discípulo predilecto de Lope de Vega, Pérez Montalbán, escribió y representó en la corte la obra teatral *La monja alférez*, que lanzó a la fama a tan singular personaje.

230 EDAD MODERNA · 1588
LA GRANDE Y FELICÍSIMA ARMADA

La Gran Armada fue el nombre de la gigantesca flota compuesta por ciento treinta buques de guerra y por una tripulación de doce mil marineros y diecinueve mil soldados con los que el rey Felipe II pretendía invadir Inglaterra en 1588 para derrocar a la reina Isabel y que los rebeldes protestantes de Flandes dejaran de recibir su apoyo. La cruzada resultó ser un fracaso, pero no porque cayera en manos del enemigo, sino debido a las inclemencias meteorológicas a las que tuvieron que hacer frente en el viaje de regreso a casa. La Armada Invencible, nombre con el que, con socarronería, la prensa británica bautizó a esta titánica flota, llegó muy diezmada: tan solo arribaron a puerto unos setenta buques y apenas sobrevivieron once mil hombres.

231 EDAD MODERNA · 1590
LA VIDA A OTRA ESCALA

La invención del microscopio ha sido atribuida a Zacharias Janssen, un fabricante de lentes neerlandés, pero, en 1590, fecha de la creación del invento (o 1595, como apuntan otras fuentes), no era más que un adolescente. El origen incierto de este artefacto ha dado pie a distintas especulaciones sobre el verdadero inventor: algunas hipótesis señalan que el padre de Janssen, Hans, tuvo algo que ver; otras indican que fue obra de Hans Lippershey, otro fabricante de lentes que vivía en la misma ciudad, y que Janssen asumió después el control de la producción. Hoy día, la autoría tanto de la invención del microscopio como del telescopio es dudosa.

232 EDAD MODERNA · 1592

LA MAYOR FORTALEZA ESPAÑOLA SE ENCUENTRA EN MEDIO DEL ATLÁNTICO

La fortaleza de São João Baptista, edificada en 1592 por mandato de Felipe II en el monte Brasil, en la isla Terceira, en las Azores, es la mayor fortaleza construida por España en el mundo y ha sido reconocida Patrimonio de la Humanidad por la Unesco. Se libraron dos batallas en ella: la primera en 1581, en la que participaron Cervantes y Lope de Vega, y que las tropas de Felipe II perdieron tras ser atacados por unos toros enfurecidos que se convirtieron en héroes para los terceirenses; y la segunda en 1582, en la que se emplearon galeones por primera vez y Felipe II ganó el trono de Portugal.

233 EDAD MODERNA · 1595

LA VERDADERA POCAHONTAS

Existió: se llamaba Matoaka y nació en 1595 en Virginia (Estados Unidos). El séptimo arte nos ha dado a conocer la vida de esta joven, que dista de quien fue en realidad. En 1607, los colonos llegaron a la zona de la tribu Powhatan, cuyo jefe era el padre de Matoaka. Este secuestró a John Smith, al que la niña le salvó la vida en varias ocasiones. En 1610, tras sufrir un accidente, trasladaron a Smith a Inglaterra y Matoaka pensó que había muerto, pero, cuando fue a Inglaterra para esposarse con John Rolfe, se reencontraron. Matoaka falleció a los veintiún años de una extraña fiebre, que dejó viudo a su marido, John Rolfe. Aunque se dice que descansa en una parroquia de Kent, en una excavación que se llevó a cabo en 1923 no encontraron sus restos.

234 EDAD MODERNA · Finales del siglo XVI

ESCOCIA Y EL UNICORNIO

El unicornio, un animal legendario documentado en textos de la antigua Babilonia, Persia y Grecia, fue el elegido por el rey Roberto III, a finales del siglo XVI, como animal nacional, por ser símbolo de la inocencia y la pureza, el dominio y la caballerosidad en la mitología celta.

235 EDAD MODERNA · Finales del siglo XVI

EL NETWORKING DE LA EDAD MEDIA

Ir a misa en la Edad Media era una obligación, pero también era un lugar de reunión ideal para hacer negocios, socializar y, por qué no, ligar. Hasta el Concilio de Trento (1545-1563), cuando se propuso reformar la Iglesia católica y corregir los abusos que allí imperaban, las iglesias servían para mucho más que para los oficios religiosos: se usaban como refugios, almacenes e, incluso, salas de baile o teatro. En este escenario, ¡quién podía resistirse a ir en busca de citas!

236 EDAD MODERNA · 1606

TERRA AUSTRALIS NONDUM COGNITA

Terra Australis Nondum Cognita, que significa «tierra del sur aún desconocida», fue el nombre que recibió Australia en el primer atlas moderno, el del geógrafo Abraham Ortelius; nombre con el que también se bautizó a la Antártida, otro continente sin conquistar. Pese que se ha atribuido el descubrimiento de Australia a James Cook, antes que él, se acercaron al continente los españoles y los portugueses. En 1606, los holandeses fueron los primeros en pisar sus playas del norte y, en 1644, Abel Tasman bautizó a la isla como Nueva Holanda. Con la llegaba de James Cook, en 1770, el nombre del continente se cambió por el de Nueva Gales del Sur. No fue hasta el siglo XIX cuando su nombre se volvió a cambiar por el definitivo: Australia.

237 EDAD MODERNA · 1616

CERVANTES Y SHAKESPEARE NO MURIERON EL MISMO DÍA

Aunque la Unesco declaró que el 23 de abril era un día simbólico para la literatura, ya que ese día de 1616 fallecieron dos grandes literatos como Miguel de Cervantes y William Shakespeare, no es del todo cierto. La imprecisión se debe a que, en España, el día del fallecimiento que se anotaba en la partida de defunción era el del entierro, no el de la muerte: Cervantes falleció el 22 de abril de 1616. Por otra parte, en Reino Unido, cuando Shakespeare murió, regía el calendario juliano, que difería en diez días del gregoriano, por lo que su muerte fue el 3 de mayo de 1616, según nuestro calendario.

238 EDAD MODERNA · 1617-1650

CATALUÑA, LA CUNA DEL TELESCOPIO

Como sabemos, las gafas y, por ende, las lentes con que se fabricaban tienen su origen en la Edad Media, por lo que es fácil suponer que el telescopio que Galileo construyó no fue el primero. Parece ser que los artífices de tal invento fueron los miembros de la familia Roget, que eran anteojeros, es decir, se dedicaban a la construcción de lentes, y que desempeñaban este arte de larga tradición en la península, en Cataluña.

239 EDAD MODERNA · 1649

ALTA TRAICIÓN

Carlos I de Inglaterra, que subió al trono en 1625, no entabló una buena amistad con el Parlamento inglés desde los inicios de su reinado; su prestigio fue menoscabado, lo que llevó al monarca a abusar de su poder. En 1642 estalló una guerra civil, el rey acabó capturado y, en 1649, la Cámara de los Comunes, en un juicio exprés, lo acusó de alta traición y lo condenó a muerte. Carlos I se convirtió en el primer rey europeo en ser decapitado por el Parlamento de su país.

240 EDAD MODERNA · 1650

PIENSO, LUEGO EXISTO

Incuestionables fueron las aportaciones filosóficas de René Descartes, que falleció por el capricho de una reina, Cristina de Suecia. En el año 1649, lo invitó a la corte para que le impartiera clases particulares, que se iniciaban bien temprano, a las cinco de la mañana. La reina, acostumbrada como estaba a las temperaturas de Suecia, recibía las clases en una sala con las ventanas abiertas, lo que causó que Descartes pillara una pulmonía que lo condujo al lecho de muerte en 1650. Sin embargo, tres siglos después, comenzaría a circular otra hipótesis sobre la muerte del filósofo: el envenenamiento.

241 EDAD MODERNA · 1655

MUCHO MÁS QUE UNA MANZANA Y LA GRAVEDAD

Al hablar de gravedad, se nos viene inmediatamente a la cabeza el científico Isaac Newton. El físico inglés, además de marcar un hito en la historia del siglo XVII con su teoría de la gravitación universal, también fue el primero en explicar la naturaleza y el origen de los colores, al observar que la luz blanca albergaba todos los demás tonos visibles.

242 EDAD MODERNA · 1660

EL ÚLTIMO MONARCA CATÓLICO DE INGLATERRA

Fue Carlos II, hijo de Carlos I de Inglaterra. A pesar de no cometer los mismos errores que su padre en lo que respecta a la relación que mantenía con el Parlamento, la época de «tregua» duró poco menos de una década y las disputas por la sucesión al trono llevaron al monarca a gobernar sin apoyo del Parlamento hasta su muerte en 1685, cuando la corona pasó a manos de su hermano, Jacobo II. Si el actual heredero al trono, Guillermo (hijo de Diana de Gales, que descendía de Carlos II, y el actual rey, Carlos III), se convirtiera en rey, sería el primer descendiente de los reyes Carlos en reinar en Inglaterra después de más de trescientos años.

243 EDAD MODERNA · 1666

EL INCENDIO QUE ASOLÓ LONDRES

Sucedió la madrugada del 2 de septiembre de 1666. El punto de inicio fue la panadería de Thomas Farryner, en Pudding Lane, al norte del Támesis, y se propagó por toda la ciudad siguiendo el curso del río. La mañana del miércoles 5 de septiembre, Londres era irreconocible: el 80 % se había convertido en cenizas, y desaparecieron del mapa quince barrios, cuatrocientas calles y unas trece mil casas. Por suerte, solo perecieron seis personas en la catástrofe. Hoy día, dos monumentos recuerdan este suceso: The Monument, ubicado donde se originó el incendio, y el Golden Boy, donde se detuvo.

244 EDAD MODERNA · 1661-1700

CARLOS II EL HECHIZADO

Carlos II fue un hombre enfermizo al que le hicieron creer estar poseído como artimaña política en relación con la sucesión al trono, puesto que el monarca no había sido capaz de engendrar a un heredero. La conspiración llegó a abordarse en el Consejo de la Inquisición y, aunque fue sobreseída por falta de pruebas, el propio rey creyó estar hechizado y pidió al inquisidor Juan Tomás de Rocabertí que lo comprobara.

245 EDAD MODERNA · 1677

LOS ESPERMATOZOIDES, UNOS VERDADEROS NADADORES OLÍMPICOS

Fue en 1677 cuando el holandés Antoni van Leeuwenhoek, comerciante de telas y ayudante de cámara, descubrió los espermatozoides al observar una muestra de esperma en un microscopio de elaboración propia. Quedó impactado al ver la cantidad de animálculos. ¡Con razón la fecundación de un óvulo se convierte en una competición de élite! Los espermatozoides pueden llegar a alcanzar una velocidad de un centímetro por hora, ¡y es que solo uno se proclamará vencedor!

246 EDAD MODERNA · 1687

EL MAESTRO ASESINADO
POR SU INSTRUMENTO

Jean-Baptiste Lully, el director musical de Luis XIV, dirigía a sus intérpretes con mano de hierro… Más bien, con un bastón de hierro, que golpeaba con fuerza contra el suelo para marcar el ritmo. Desgraciadamente, en uno de esos golpes, el bastón golpeó con fuerza su dedo gordo del pie derecho. Fue tal el bastonazo que se propinó que la infección se extendió a toda la extremidad, pero, como también era un buen bailarín, decidió perder la vida antes que perder el pie.

247 EDAD MODERNA · 1692

LAS BRUJAS DE SALEM NO ARDIERON EN LA HOGUERA

En 1692, en Salem (Massachusetts, Estados Unidos), tres mujeres fueron acusadas de hechicería. En contra de la creencia popular, no perecieron en la hoguera: Tituba, la esclava que cuidaba de los hijos del reverendo Parris, fue condenada a prisión; mientras que Sarah Good, una indigente, y Sarah Osborne, una anciana, fueron ahorcadas por no confesar su culpabilidad.

248 EDAD MODERNA · Siglo XVII

FRÍO EN VERANO

En el siglo XVII, el ciclo de actividad solar se paró y el Sol dejó de generar campos magnéticos. ¿Por qué sucedió? Los astrofísicos lo desconocen y tampoco saben por qué volvió a tener ciclos de actividad. En aquella época, la Tierra se enfrió dos grados centígrados de promedio en relación con las temperaturas que se solían tener y el río Támesis y muchas zonas del norte de Europa se congelaron, incluso en verano.

249 EDAD MODERNA · Siglo XVII

EL UNICORNIO MARINO

Para la creencia popular, el animal acuático con un cuerno en su frente que atacaba a los navíos en las aguas del Ártico no podía ser más que un unicornio marino, dadas sus características tan parecidas a la mítica criatura de la Edad Media. Años después, los científicos dieron con el verdadero responsable; no se trataba de un ser mitológico, sino de un animal marino real: el narval.

250 EDAD MODERNA · Siglos XVI-XVII

CABALLERÍA CON ALAS

No, los caballos nunca han tenido alas. Los alados fueron sus soldados, los húsares, un cuerpo de caballería pesada de los ejércitos de Polonia y Lituania entre los siglos XVI y XVIII. Los húsares alados recibieron dicho nombre por su armadura, que se caracterizaba por una pieza con forma de alas que protegía de los ataques por la retaguardia.

251 EDAD MODERNA · Siglo XVII

ALCES
COMO CABALLOS

Innovadora fue la ocurrencia de Carlos XI de Suecia, que quiso crear un cuerpo de caballería montada, pero usando alces en lugar de caballos. Importar y mantener a los caballos suponía un gran gasto para las arcas del Imperio; de ahí que emprendiera una reforma del ejército un tanto peculiar. La invención, sin embargo, no tuvo mucho éxito, pues los alces eran muy asustadizos como para combatir y enfermaban fácilmente.

252 EDAD MODERNA · Siglo XVII
EL KÉTCHUP, MADE IN CHINA

Se inventó en China, en el siglo XVII, y no llevaba un ápice de tomate: era una salsa de anchoas de color ocre. Los tomates los introdujeron los británicos en el siglo XIX. Hasta entonces, se creía que los tomates eran venenosos, pero, en 1834, el doctor John Cook les otorgó propiedades medicinales (supuestamente eran buenos para curar distintas dolencias estomacales) y, en 1850, Archibald Miles empezó a vender el kétchup en forma de píldora milagrosa de origen americano. ¿Quién nos iba a decir que el kétchup fue medicina, veneno y que sus padres no eran americanos?

253 EDAD MODERNA · Siglo XVII
PARÍS, LA CIUDAD DE LA LUZ

¿Por qué París se ganó el apelativo de la «ciudad de la luz»? Esta es una pregunta a la que no se puede responder a ciencia cierta, pero cualquiera de las tres hipótesis que circulan en torno a dicha denominación podrían ser pausibles:

- La primera teoría nos traslada al siglo XVII. El prefecto de la policía parisina, Gilbert Nicolas, mandó iluminar las calles de la ciudad con lámparas de aceite ubicadas en las puertas y las viviendas para reducir la criminalidad callejera y disuadir a los malhechores. Este alumbrado maravilló a los extranjeros que pasaban por la ciudad, e hizo que la denominaran así.
- La segunda teoría nos ubica en pleno siglo XVIII. Por asimilación al Siglo de las Luces y como metáfora de las brillantes mentes que florecieron en París durante el periodo de la Ilustración, la ciudad fue denominada de tal forma.
- La tercera alude a un hecho parecido a la primera hipótesis: en 1830, se implementó en París un sistema de alumbrado de gas que hacía que la ciudad estuviera permanentemente iluminada.

254 EDAD MODERNA · 1700

PIRATAS DEL CARIBE

Jack Rackham, o Calico Jack, como era conocido, es uno de los piratas más famosos; Charles Vane, de los más sanguinarios; Barbanegra, uno de los más temidos; sir Henry Morgan, el rey de los piratas; pero ¿qué hay de las mujeres? Aunque no fueron muchas las que se dedicaron a la piratería, nombres como el de Anne Bonny o Mary Read merecen aparecer en esta lista: a ellas dos se les atribuye, por ejemplo, el diseño de la *jolly roger*, la bandera pirata con una calavera sobre dos espadas o dos calaveras.

255 EDAD MODERNA · 1701

LA ISLA DEL TESORO

¿Será cierto que en las inmediaciones de East Hampton (Nueva York) se esconde el tesoro de William Kidd o es una leyenda alimentada por el relato de Robert Louis Stevenson en *La isla del tesoro*? Aún hoy día se organizan expediciones para encontrarlo, aunque una parte de las riquezas ya fueron descubiertas por el conde de Bellmont. William Kidd fue un aprendiz de marinero que se convirtió en pirata. En 1695, el conde de Bellmont, gobernador de Nueva York, le encargó que atacara a los barcos franceses y piratas, y el rey Guillermo III le dio una patente de corso y un buque, el Adventure Galley. La fama que se ganó entre su tripulación por su comportamiento cruel y despiadado y un desafortunado incidente con un barco armenio hicieron que se difundieran rumores acerca de que Kidd practicaba la piratería. Cuando supo que estaba en busca y captura, se dice que enterró sus riquezas en las islas Gardiners. De regreso a Nueva York fue capturado y trasladado a Inglaterra, donde fue juzgado y condenado a la horca. Su cuerpo se exhibió a orillas del Támesis durante tres años a modo de escarmiento público.

256 EDAD MODERNA · 1715
LA FLOTA DEL TESORO DE ESPAÑA

Los galeones españoles cargados de riquezas eran muy tentadores para los piratas que surcaban los mares del Caribe. Sin embargo, el buque Urca de Lima, de la Flota del Tesoro de España, no se hundió a causa de un ataque pirata, sino porque fue tragado por el mar durante una terrible tormenta.

257 EDAD MODERNA · 1716
LA VARIOLIZACIÓN, EL PRECEDENTE DE LA VACUNA DE JENNER

Fue un método creado en Estambul que consistía en inocularse deliberadamente el pus de un enfermo de viruela para inmunizarse. Sin embargo, no era del todo eficaz, pues muchos perecían en el intento. La esposa del embajador inglés en Turquía, lady Montagu, introdujo este proceso en Londres en 1721.

Años después, en 1796, Edward Jenner, al observar que los ganaderos que primero contraían la viruela bovina quedaban inmunes a las olas de viruela humana, decidió extraer el pus de las ampollas de viruela bovina a una campesina e inyectársela al hijo de su jardinero, James Phipps. Este enfermó, pero se recuperó y, al inocularse seis semanas después la viruela humana, no le afectó. Repitió el experimento con más personas y el resultado fue el mismo, por lo que quedó demostrada la eficacia de la vacunación.

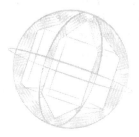

258 EDAD MODERNA · 1718

WOODES ROGERS Y ROBINSON CRUSOE

Woodes Rogers fue nombrado gobernador de las Bahamas en dos ocasiones, la primera, entre 1718 y 1721; la segunda, entre 1728 y 1732, cuando contribuyó a poner fin a la piratería en las aguas caribeñas y rescató a un náufrago, en quien después se inspiró el escritor británico Daniel Defoe para crear a su Robinson Crusoe. Este náufrago se llamaba Alexander Selkirk, un marino escocés que acabó en el Pacífico durante la guerra de Sucesión española. En una expedición de 1703, decidió quedarse en tierra antes que continuar en una nave que él veía claramente que necesitaba ser reparada. La isla estaba desierta y allí se pasó cuatro largos años.

259 EDAD MODERNA · 1720

VOLTAIRE GANÓ LA LOTERÍA

Más de una vez... y ¡sin hacer trampas! ¿Cómo? Gracias al error de diseño que el por entonces ministro de Finanzas, Michel Robert Le Pelletier-Desforts, cometió al poner a la venta los billetes de lotería asociados a los bonos de la corona con el objetivo de aumentar sus ingresos y superar la crisis económica a la que en 1720 se veía sumida Francia.

Es decir, adquiriendo muchos billetes de lotería a un precio muy económico las probabilidades de ganar aumentaban. El «premio gordo» era de quinientas mil libras, una cifra sumamente elevada. Voltaire y su amigo matemático Charles Marie de La Condamine vieron una oportunidad y decidieron invertir en ello. No obstante, si una misma persona ganaba la lotería en varias ocasiones, levantarían sospechas, así que convencieron a otros once inversores para reunir un mayor número de boletos; los premios se repartían a partes iguales entre todos los miembros. El método les salió bien y ganaron tantas veces como para llegar a agenciarse el premio gordo íntegro por cabeza. La fanfarronería de Voltaire llevó a Pelletier-Desforts a descubrir la estratagema, pero no pudieron acusarlos, pues no habían hecho trampas. Pelletier-Desforts, sin embargo, fue despedido y la lotería, evidentemente, fue suprimida.

260 EDAD MODERNA · 1740

UN ZAR DE LO MÁS JOVEN

Iván VI Antónovich, hijo de Antonio Ulrico de Brunswick-Wolfenbüttel y de Isabel Ana Leopoldovn, fue nombrado zar en 1740 con apenas unas semanas de edad, pero no duró mucho. Un año después, un golpe de Estado le otorgaría el trono a su prima hermana Isabel. Iván VI fue encarcelado durante veinte años. Cuando en julio de 1764 un oficial lo intentó liberar, sus guardianes los asesinaron.

261 EDAD MODERNA · 1782

EL NOMBRE INFINITO

En 1782, Bangkok se convirtió en capital de Tailandia (antes lo habían precedido tres ciudades más como capital). Los lugareños la llamaban Bahng Gawk, que significa «lugar de aceitunas», pero el rey Rama le asignó el nombre oficial de Krung Thep, una forma abreviada del nombre completo, que ¡es el más largo del mundo! La traducción en español vendría a ser la siguiente: «La ciudad de los ángeles, la gran ciudad, la residencia del Buda de esmeralda, la ciudad inexpugnable (de Ayutthaya) del dios Indra, la gran capital del mundo dotada de nueve gemas preciosas, la ciudad feliz, que abunda en un enorme palacio real que se asemeja a la morada celestial donde reina el dios reencarnado, una ciudad cedida por Indra y construida por Vishnukarn». Sin embargo, Bangkok se fue imponiendo a la forma oficial porque era más sencilla y más fácil de pronunciar.

262 EDAD MODERNA · 1783

EL PRIMER INVENTO QUE VOLÓ

No fue un avión, sino un globo aerostático, creado en 1783 por los hermanos Montgolfier en un pueblo francés. Pero los primeros que probaron el invento no fueron los hermanos, que no se fiaban mucho del experimento, sino unos cuantos animales que compraron en el mercado.

263 EDAD MODERNA · 1788

LA BATALLA MÁS ESPERPÉNTICA DE LA HISTORIA

Corría el año 1788 cuando, en lo que actualmente es Rumanía, tuvo lugar uno de los sucesos más absurdos de la historia. En el transcurso de la guerra que enfrentaba a Rusia y a su aliado, el Sacro Imperio Romano Germánico, con los turcos otomanos, el ejército austriaco, compuesto por unos cien mil hombres, entre ellos húsares húngaros, se posicionó en la ciudad de Karánsebes para enfrentarse a los turcos que avanzaban hacia allí.

En las inmediaciones del campamento vivían unos cíngaros que vendieron ron a los húngaros, que se habían trasladado a modo de avanzadilla al otro lado del río Timis, y, al no ver a otomano alguno, decidieron divertirse. El alcohol fue el desencadenante de tal despropósito, pues la infantería del propio ejército quiso sumarse a la juerga, pero los húngaros no tenían intención alguna de compartirlo. Este fue el inicio del fin.

Se enzarzaron en semejante pelea que los habitantes de Karánsebes pensaron que los turcos habían llegado y sus gritos provocaron la desbandada de húngaros e infantería, que huyeron hacia el campamento como alma que lleva el diablo. Lo que no esperaban es que los soldados que quedaban en el campamento, creyendo que llegaban los turcos, abrieran fuego. El resultado fue una enorme cantidad de bajas, pero no por culpa de los turcos, que no aparecieron en ningún momento, sino causadas por ellos mismos.

264 EDAD MODERNA · Finales del siglo XVIII

LAS VIRTUDES DEL BAÑO

Durante la Ilustración, el agua fue algo impopular, porque se extendió la idea de que podía propiciar el contagio de enfermedades; la Iglesia tuvo mucho peso en esta aversión hacia el agua y los baños. Como a menudo hombres y mujeres tomaban baños juntos, fueron considerados una tentación inmoral. No fue hasta finales del siglo XVIII cuando los baños se empezaron a popularizar en los hogares como un lugar de descanso y de placer. Aun así, muchos aún rehuían del agua y no fue hasta las primeras décadas del XIX cuando el uso higiénico del agua se generalizó.

EDAD CONTEMPORÁNEA

265 EDAD CONTEMPORÁNEA · 1784

EL CAMBIO HORARIO

Cada año, en primavera y en otoño tenemos que ajustar la hora de nuestros relojes para ahorrar energía y disfrutar de más horas de sol, pero ¿de quién fue la idea? De Benjamin Franklin, que, en 1784, cuando era embajador de Estados Unidos en Francia, al ver el sol que brillaba al despertarse a las seis de la mañana y que por las tardes había que encender las luces mucho antes de ir a dormir, concluyó que desaprovechábamos las horas de luz y que, por ende, desperdiciábamos energía. Aunque su idea no cuajó, fue el germen del cambio de hora en el mundo.

266 EDAD CONTEMPORÁNEA · 1789

SIN PANTALONES

Sans-culottes, en francés. Este el nombre que se ganaron los revolucionarios de las clases menos acomodadas de París durante la Revolución francesa. El apelativo aludía al hecho de que no lucieran las medias y los pantalones cortos propios de las clases altas.

267 EDAD CONTEMPORÁNEA · 1791

DECLARACIÓN DE LOS DERECHOS DE LA MUJER Y LA CIUDADANA: PRIMERA OLA FEMINISTA

Fue redactada en 1791 en el contexto de la Revolución francesa por Olympe de Gouges, escritora y filósofa política que decidió abrir camino para ejercer sus derechos en igualdad de condiciones con los hombres, en una época en que la mujer quedaba relegada al cuidado de la casa, de los hijos y del marido. Olympe de Gouges ha sido considerada una heroína del feminismo revolucionario, cuyas ideas la condujeron a la guillotina.

268 EDAD CONTEMPORÁNEA · 1792

GUILLOTIN SIN GUILLOTINA

El padre del invento que procuraba una muerte prácticamente «indolora» no fue fruto de Joseph Ignace Guillotin, pese a que su nombre se haya asociado erróneamente a tal artilugio. Guillotin tan solo propuso extender el uso de este mecanismo a todas las clases sociales, pues, inicialmente, solo los aristócratas podían disfrutar del privilegio de morir por una decapitación rápida.

269 EDAD CONTEMPORÁNEA · 1793

MÁS DE TRESCIENTAS AL DÍA

Esta cifra corresponde a la cantidad de personas que se decapitaban al día en la ciudad de Orange. Cuando tras la muerte del rey Luis XVI los jacobinos dieron un golpe de Estado y arrestaron a los diputados girondinos, el Comité de Salud Pública de Robespierre mandó decapitar a unas cuarenta mil personas, tantas que este periodo ha pasado a la historia como el «reinado del terror».

270 EDAD CONTEMPORÁNEA · 1793

¡IGUALDAD, LIBERTAD Y FRATERNIDAD!

O cómo acabar con el reinado del terror de Robespierre. ¿La heroína? Teresa Cabarrús, una dama española de la alta sociedad parisina, culta, divertida, cautivadora e inteligente, que no titubeó a la hora de defender los ideales revolucionarios ejerciendo de espía. Teresa, que intercedía cuando alguno de sus amigos era apresado y cumplimentaba solicitudes de divorcio, urdió un plan para embaucar a Tallien, un enviado de Robespierre. Este acabó por enamorarse de ella, la liberó de la prisión cuando fue encarcelada y consiguió que denunciara los terribles actos cometidos por Robespierre, lo que contribuyó a poner fin a la etapa más sangrienta de la Revolución francesa.

271 EDAD CONTEMPORÁNEA · 1768-1844

EL CAMBIO ESTÉTICO DE JOSÉ BONAPARTE QUE CASI LES CUESTA LA VIDA A LOS MARINEROS

Las melenas y las barbas eran una salvaguarda para los marineros, pues aquellos que no sabían nadar y caían al mar podían salvarse por los pelos (este es precisamente el origen de esta expresión). La imagen estética que proyectaban no era digna de los miembros del ejército español, por eso, José I Bonaparte impuso un cambio de estética que suponía cortarse el pelo y afeitarse la barba. La exigencia no fue bien recibida y a aquellos que no sabían nadar se les permitió conservar su cabellera revuelta y mal compuesta como medida de seguridad.

272 EDAD CONTEMPORÁNEA · 1769-1821

BOTONES PROTOCOLARIOS

¿Los botones del puño de las chaquetas son simplemente ornamentales o tienen alguna utilidad? Algunas fuentes atribuyen la idea de coser estos botones a Federico II el Grande, rey de Prusia; otras aseguran que fue cosa de Napoleón Bonaparte. El motivo, según cuentan, sería por una mera cuestión de modales, y es que su objetivo no era otro que el de evitar que los soldados se limpiaran los mocos en las mangas de la casaca, pues los botones metálicos no debían de provocar una sensación muy agradable.

273 EDAD CONTEMPORÁNEA · 1769-1821

NO HAY ENEMIGO PEQUEÑO

Tampoco Napoleón lo era, aunque exista la creencia de que era bajito, debido al afán de sus enemigos por desprestigiarlo, quienes consiguieron que fuera conocido como el «pequeño corso». Medía un metro y sesenta y ocho centímetros; en la época, la altura media francesa rondaba el metro sesenta.

274 EDAD CONTEMPORÁNEA · Siglo XIX

¿DE DÓNDE SALIÓ EL FEO DE PICIO?

Cuenta la leyenda que Picio era un zapatero del municipio granadino Alhendín que, a finales del siglo XIX, fue condenado a muerte. El motivo de tal condena se desconoce, así como por qué lo absolvieron. Pero se dice que, tras la absolución, Picio empezó a notar cambios en su cuerpo: se quedó calvo y le aparecieron protuberancias en la cara. Sus vecinos, que vieron su transformación, pronunciaron por primera vez el dicho que ha llegado hasta nuestros días: «Ser más feo que Picio».

275 EDAD CONTEMPORÁNEA · 1805

EL TRIUNFO DE NAPOLEÓN

¿Quién ordenó la construcción del arco de Triunfo de París? Nada más y nada menos que un gran estratega de las artes militares: Napoleón Bonaparte. Con la construcción, quiso representar uno de los momentos más brillantes de la batalla de Austerlitz: la ruptura del hielo del lago congelado que acabó con la vida de los soldados rusos.

276 EDAD CONTEMPORÁNEA · 1808-1813

JOSÉ BONAPARTE Y LA BOTELLA

José Bonaparte, político, diplomático y abogado francés, hermano mayor del emperador Napoleón Bonaparte, gobernó en España como José I durante la ocupación de los franceses. Su sobrenombre, Pepe Botella, era debido a su supuesta inclinación a la bebida, aunque parece ser que sus problemas de alcoholismo no eran más que una mera estratagema de sus detractores para desacreditarlo.

277 EDAD CONTEMPORÁNEA · 1811-1886
LA SUPERESTRELLA DE LA MÚSICA CLÁSICA

En Hungría, en 1811, nació una superestrella: Franz Liszt. Este talentoso músico despertó verdadera pasión entre sus fans, bebían los vientos por él, gritaban, lo ovacionaban y sufrían vahídos; un mechón de su melena o una cuerda de su piano se convertían en verdaderos tesoros. El fanatismo que se creó en torno a su figura, que se denominó «lisztomanía», dio pie a multitud de curiosas anécdotas, de las que se desconoce su veracidad. Una de estas es que el artista recibió tantas cartas de admiradoras que le solicitaban un mechón de su melena que Liszt acabó por comprarse un perro para satisfacer la enorme demanda. Actualmente, todavía hay quien afirma poseer un mechón de la cabellera de este gran pianista: si es cierto o no lo es, o si el pelo era suyo o del perro, es todo un misterio.

278 EDAD CONTEMPORÁNEA · 1811-1899
BUNSEN Y SU MECHERO

El mechero Bunsen es un instrumento de uso habitual en los laboratorios que se emplea para calentar muestras y sustancias químicas. Su llama es segura; no así los experimentos de su osado creador: Robert Bunsen. El químico y geólogo se jugaba la vida a menudo, pues solía trabajar con compuestos de arsénico que, además de oler a rayos, sufrían combustión espontánea en el aire seco. Bunsen, aunque no llegó a perder la vida en uno de sus experimentos, sí que perdió su ojo derecho por culpa de una explosión ocasionada.

279 EDAD CONTEMPORÁNEA · 1822

EN LA HORMA DE TU ZAPATO

¿Dos pies izquierdos o dos pies derechos? Aunque el calzado existe desde tiempos inmemoriales (al buscar el ser humano prehistórico un método para proteger sus pies del terreno y del clima o de las mordeduras de los animales), y a pesar de que a lo largo de la historia asirios, griegos o romanos hicieron algunas tentativas para distinguir el calzado para el pie derecho o para el izquierdo, no fue hasta 1822 cuando, en Filadelfia, William Young fabricó el primer par de hormas que permitía distinguir un pie del otro.

280 EDAD CONTEMPORÁNEA · 1840-1870

ME HUELE A CHAMUSQUINA

O más bien a ¡boñiga! Así empezó una de las épocas doradas de la agricultura: con un pestilente olor a excrementos secos de aves marinas; lo que viene siendo el guano. Este fertilizante milagroso procedía del Perú y era uno de los recursos más valorados, que se compraba a precio de oro, pues era incomparable a cualquier otro abono que se preciara. El guano de las costas peruanas aseguraba que las plantas crecieran de manera exuberante y, entre 1840 y 1870, se convirtió en el negocio del siglo. ¿Pensarían lo mismo los que pasaban por el suplicio de extraer las cacas de pájaro solidificadas de las rocas?

281 EDAD CONTEMPORÁNEA · 1840

LA REINA VICTORIA, UNA TRANSGRESORA DE LAS REGLAS

Victoria, antes de convertirse en reina de Inglaterra, rompió las reglas establecidas al contraer matrimonio con Alberto de Sajonia en 1840. Además de ser ella quien pidió matrimonio a su enamorado, los trajes de novia de la realeza hasta la fecha eran plateados, pero ella decidió lucir un vestido blanco. Fue el punto de partida de la tradición actual.

282 EDAD CONTEMPORÁNEA · 1842

LADY BYRON
Y EL ALGORITMO INFORMÁTICO

Ada Lovelace, hija de lord Byron y de Anna Isabella Milbanke, fue una aristócrata inglesa, poetisa y científica, que ha sido considerada pionera de la informática. Si bien es cierto que muchas fuentes apuntan a que el verdadero precursor de lo que hoy podríamos considerar un ordenador fue la máquina analítica de Charles Babbage, las notas que Ada Lovelace añadiría a la traducción de un artículo sobre esta máquina fueron casi más importantes que el propio artículo. En estas notas explicaba el funcionamiento del primer algoritmo informático, aunque no llegó a implementarse y no pudo probarse porque el Gobierno británico no financió la construcción de la máquina. Un siglo después, Howard Aiken diseñó un ordenador basado en la máquina analítica de Babbage, que sí fue financiado por IBM y construido en 1944.

283 EDAD CONTEMPORÁNEA · 1853-1890

LA VIDA
ES DE COLOR AMARILLO

Es indudable que Vincent van Gogh sentía predilección por el color amarillo, pero este favoritismo tiene una razón científica: la hipótesis más plausible es que consumiera digital (*Digitalis purpurea*), una medicina que se empleaba para tratar distintas enfermedades, entre estas, las crisis maniacodepresivas. El consumo excesivo hacía proclive a quien la tomara a desarrollar xantopsia, una patología que se caracterizaba por la alteración de la manera de percibir los colores. Es probable, por tanto, que el amarillo que impregna gran parte de la obra del artista fuera debido a que el pintor neerlandés veía la vida de color amarillo.

284 EDAD CONTEMPORÁNEA · 1853-1890

LA OREJA DE VAN GOGH

No solo una, sino dos fueron las orejas que conservó Van Gogh hasta su muerte. La historia cuenta que en 1888, en Arles (Francia), Van Gogh entregó un paquete que contenía su oreja a una prostituta llamada Rachel no es más que una leyenda, como también lo es la que relata que fue Gauguin quien se la cortó. Sí que es cierto que se mutiló el lóbulo, pero no la oreja entera. Así lo atestigua el Museo de Van Gogh de Ámsterdam, que posee una carta de Paul Signac en la que se desmiente este hecho.

285 EDAD CONTEMPORÁNEA · 1854

LA COLUMNA DE MORRIS, UN SÍMBOLO PARISINO

Las columnas cilíndricas de hierro fundido y rematadas por un tejado y un dosel que protegen los carteles publicitarios de la lluvia son todo un símbolo que nació en la *belle époque* de la ciudad de París; sin embargo, no se crearon en Francia, sino en Berlín, en 1854. En París se empleaban en 1839 unas columnas moriscas que se ubicaban ¡a la entrada de los urinarios públicos! La doble función como anunciante de publicidad y de los urinarios no fue muy bien vista, y poco a poco se fue imponiendo el modelo alemán. Finalmente, en 1868, se otorgó la concesión publicitaria al impresor Gabriel Morris a fin de promocionar los espectáculos de los teatros y de los cabarés, y pasaron a formar parte del patrimonio parisino.

286 EDAD CONTEMPORÁNEA · 1857

DÍA INTERNACIONAL DE LA MUJER

Se celebra el 8 de marzo, de manera oficial, desde 1975. La Organización de las Naciones Unidas (ONU) escogió esta fecha en relación con dos sucesos: la huelga protagonizada por las mujeres en marzo de 1857 en Nueva York durante la Revolución Industrial, en la que luchaban contra la precariedad laboral, y la huelga posterior de marzo de 1908, también en Nueva York, en la que se reclamaba la igualdad salarial y la reducción de la jornada laboral.

287 EDAD CONTEMPORÁNEA · 1859

LA GUERRA DEL CERDO

Por raro que pueda parecer, por poco un cerdo es el culpable de ocasionar una guerra entre Estados Unidos y Canadá. El 15 de junio de 1859, el campesino estadounidense Lyman Cutlar mató a un cerdo negro que se había colado a comer patatas en su sembrado de la isla San Juan. Estados Unidos y Canadá hacía tiempo que se disputaban la soberanía de este minúsculo archipiélago que se encuentra frente a la costa de Washington.

Desgraciadamente, el marrano pertenecía a la compañía canadiense Hudson's Bay y, cuando reclamaron a Cutlar que pagase el importe del cerdo y este se negó, las autoridades británicas amenazaron con arrestarlo y desalojarlo; el ejército estadounidense envió a sesenta y cuatro soldados a la isla y los británicos hicieron lo propio, pero el contralmirante británico Robert L. Baynes se detuvo antes de atacar, pues no veía razonable involucrar a dos grandes naciones en una guerra por una disputa ocasionada por un cerdo.

Durante más de una década, las tropas británicas y estadounidenses compartieron la isla pacíficamente hasta que, en 1872, una comisión de arbitraje seleccionada por el káiser Guillermo I de Alemania dictaminó que las islas San Juan pertenecían a Estados Unidos.

288 EDAD CONTEMPORÁNEA · 1861

LA PRIMERA PSICOANALISTA DE LA HISTORIA

Una mujer influyente, independiente, prolífica, pionera. Lou-Andreas Salomé, que nació en 1861 en San Petersburgo, fue una adelantada a su tiempo: escribió muchos libros, ensayos, poemas; durante más de veinte años centró sus estudios en el psicoanálisis, enfocados en el narcisismo femenino; fue la primera miembro mujer aceptada en el Círculo Psicoanalítico de Viena; y fue la primera en escribir sobre sexualidad. Esta intelectual desligada del papel que la sociedad de la época tenía reservado para las mujeres influyó en el pensamiento de figuras como Rainer Maria Rilke, Sigmund Freud o Friedrich Nietzsche.

289 EDAD CONTEMPORÁNEA · 1865

LA CUMBRE DEL MUNDO

La montaña más alta del mundo, el monte Everest, recibe su nombre por George Everest, que no era explorador y ni siquiera pisó la montaña. Su mérito, sin embargo, no es nada desdeñable: él fue quien mejoró los instrumentos de medición de la época, con los que se consiguió determinar la altura exacta: 8839,2 metros (que en 2010 se fijó en 8848 metros).

290 EDAD CONTEMPORÁNEA · 1867-1934

LA PRIMERA PREMIO NOBEL

¿Su nombre? Marie Curie, una de las científicas más famosas por su descubrimiento de la radioactividad, fue la primera mujer en ganar el Premio Nobel en Física y el Premio Nobel en Química, convirtiéndose así también en la primera persona en ganar dos Premios Nobel en la historia. No es de extrañar que en el Congreso de Solvay de 1927, que reúne a célebres figuras del ámbito de las ciencias, reservaran un lugar preeminente a esta sobresaliente científica.

291 EDAD CONTEMPORÁNEA · 1872

TEJANOS PARA LOS OBREROS

Los tejanos, vaqueros, *jeans*, *denim*, nacieron con un propósito distinto al de ser un imprescindible del fondo de armario. Levi Strauss, un alemán que emigró a Estados Unidos durante la fiebre del oro, se percató de la necesidad de que los obreros americanos dispusieran de pantalones que fueran resistentes, pues los de algodón se rasgaban con facilidad. En 1872, junto con Jacob Davis, partiendo de la tela de las tiendas de campaña, a la que añadieron remaches y tela vaquera de color azul, fabricaron los primeros *jeans*.

292 EDAD CONTEMPORÁNEA · 1879

Y SE HIZO LA LUZ

Se dice que Thomas Alva Edison inventó la bombilla en 1879 ¡porque tenía miedo a la oscuridad! Brillante, ¿verdad? Más alucinante es el hecho de que, en realidad, Thomas Edison ¡no fue el inventor de la bombilla! Estas ya existían a principios del siglo XIX, pero eran poco duraderas, había que encenderlas manualmente y los diseños más sofisticados salían caros. La versión que Edison presentó en 1879 aguantaba catorce horas y media encendida y era más barata y cómoda de utilizar.

293 EDAD CONTEMPORÁNEA · 1880

LA POSTURA DE DARWIN SOBRE LA FE CRISTIANA

Su postura fue clara y la declaró sin tapujos en una carta escrita el 24 de noviembre de 1880 en respuesta a otra misiva de McDermott, en la que le preguntaba si creía en el Nuevo Testamento: «Siento tener que informarle de que no creo en la Biblia como revelación divina y, por tanto, tampoco en Jesucristo como hijo de Dios. Atentamente, Charles Darwin». La opinión de Darwin no se conoció hasta un siglo después, pues McDermott se mantuvo fiel a su compromiso de no revelarla.

294 EDAD CONTEMPORÁNEA · 1886

EL REY DE ESPAÑA MÁS JOVEN

Alfonso de Borbón y Habsburgo-Lorena fue rey de España desde el momento en el que nació en 1886 (aunque, dada su minoría de edad, su madre asumió la regencia hasta que el rey fue declarado mayor de edad a los dieciséis años en 1902) hasta que el 14 de abril de 1931 se proclamó la República.

295 EDAD CONTEMPORÁNEA · 1886

LA CONTROVERTIDA UBICACIÓN DE LA ESTATUA DE LA LIBERTAD

La Libertad iluminando el mundo, nombre oficial del monumento que conocemos como estatua de la Libertad, se inauguró en 1886 y se ubicó en la isla Bedloe, que cambió de nombre por el de isla de la Libertad (Liberty Island) cuando la estatua se colocó en esta. Esta isla se halla, en realidad, en la parte del río Hudson que corresponde al estado de Nueva Jersey; por eso, en varias ocasiones han reclamado la titularidad del monumento, que no ha estado exenta de controversia, aunque la jurisdicción territorial pertenece a Nueva York.

296 EDAD CONTEMPORÁNEA · 1890

42,195 KILÓMETROS EN DEFERENCIA A LA FAMILIA REAL

Estos 42,195 kilómetros es la distancia oficial de una maratón, cuyo origen se atribuye erróneamente a Filípides. En realidad, esta competición se inició en 1890, cuando Michel Bréal participó en el congreso fundacional del Comité Olímpico Internacional y propuso realizar una carrera a pie desde Maratón hasta Pnyx, cuya distancia era de cuarenta kilómetros. En los Juegos Olímpicos de 1908, esta distancia se alargó en deferencia al rey Eduardo VII y a la reina Alexandra porque la línea de meta se hallaba en la tribuna real del estadio White City y querían que la salida se ubicara ante el castillo de Windsor. La distancia que une estos dos puntos es exactamente de 42 kilómetros y 195 metros.

297 EDAD CONTEMPORÁNEA · 1898

EL ESTILETE DE LA MUERTE

Isabel Amelia Eugenia Herzogin de Baviera, conocida como Sissi, el cariñoso apelativo con que la llamaba la familia, fue la última gran emperatriz de Europa, pero su vida estuvo marcada por varios acontecimientos trágicos que la hicieron presa de la tristeza: nunca encontró su sitio en la corte por culpa en gran parte de su suegra, que no la consideraba adecuada para ser emperatriz; sobrevivió a dos de sus hijos: a su primogénita, Sofía Federica, que falleció a los dos años de edad, y a su único hijo varón, Rodolfo, que apareció muerto en Mayerling junto con su amante, María Vetsera, supuestamente suicidado tras disparar a María; sufrió depresión y trastornos alimentarios, obsesionada por mantener su peso, se limitó a alimentarse de jugo de carne; y su muerte fue un trágico acontecimiento: fue asesinada con un estilete el 10 de septiembre de 1898, cuando Luigi Lucheni, un anarquista italiano, fingió tropezar con ella en la calle y se lo clavó cerca de su compungido corazón. Sissi falleció pocas horas después por el taponamiento cardiaco que el arma le provocó.

298 EDAD CONTEMPORÁNEA · 1895-1926

SÍNDROME DE VALENTINO

El síndrome de Valentino es una enfermedad caracterizada por el dolor abdominal agudo provocado por la perforación de una úlcera péptida. Recibe su epónimo del actor considerado la primera estrella de Hollywood, Rodolfo Valentino, nombre artístico de Rodolfo Pietro Filiberto Raffaello Guglielmi di Valentina d'Antonguella. El primer *sex symbol* de la historia tuvo una vida de película, aunque falleció muy joven, con tan solo treinta y un años, cuando una apendicitis aguda y varias úlceras gástricas derivaron en una peritonitis que no pudieron curar.

299 EDAD CONTEMPORÁNEA · 1898

LA BATALLA MÁS PACÍFICA

En 1898 tuvo lugar la batalla más pacífica de la historia, que enfrentó a España y a Estados Unidos por el control de la isla de Guam, aunque apenas se puede hablar de enfrentamiento, pues España obvió comunicar un pequeño detalle: ¡que la contienda se había iniciado! En consecuencia, cuando los barcos estadounidenses alcanzaron la costa, los isleños los acogieron con los brazos abiertos. Evidentemente, no hubo bajas y España perdió la isla.

300 EDAD CONTEMPORÁNEA · 1898-1914

ESTÉTICA REBELDE

¿Las protagonistas? Josefina de la Torre, Carmen Conde, Ernestina de Champourcin, Concha Méndez, María Teresa León, Margarita Manso, Maruja Mallo…: las Sinsombrero, nombre que recibió este grupo de escritoras por su decisión de no ponerse el sombrero como rebeldía ante una sociedad que no reconocía sus valores e imponía normas como la de llevarlo, desarrollaron su labor artística, literaria e intelectual en la generación del 27, a la que estaban unidas estética y emocionalmente.

301 EDAD CONTEMPORÁNEA · 1896

LA BATALLA MÁS CORTA DE LA HISTORIA

La batalla más corta de la historia duró entre treinta y ocho y cuarenta y cinco minutos, no se sabe con exactitud, aunque tuvo lugar en 1896, entre el autoproclamado sultán de Zanzíbar, Khalid ibn Barghash, y el Reino Unido. La contienda finalizó en cuanto el sultán alzó la bandera blanca tras poco más de media hora de bombardeo.

302 EDAD CONTEMPORÁNEA · 1899-1982

EL REY MÁS ANCIANO DEL MUNDO

Fue Sobhuza II, rey de Swazilandia, cuyo reinado también fue uno de los más largos de la historia; duró nada más y nada menos que ochenta y dos años y doscientos cincuenta y cuatro días. Fue coronado rey con tan solo cuatro meses (aunque durante su minoría de edad su abuela Labotsibeni ejerció la regencia) y se mantuvo en el trono hasta su muerte en 1982, cuando tomó el mando la esposa de mayor edad, Indowkavi, y lo sucedió uno de sus hijos, Makhosetive, que reinó con el nombre de Mswati III. Sobhuza II se casó con setenta y una mujeres y tuvo doscientos diez hijos confirmados.

303 EDAD CONTEMPORÁNEA · Siglo XIX

LAS BICICLETAS Y LAS MUJERES

Las primeras bicicletas tal como las conocemos hoy se inventaron a mediados del siglo XIX, y con estas, en 1869, también se disputó la primera competición ciclista entre París y Rouen, a la que seguirían muchas otras; los primeros Juegos Olímpicos en los que el ciclismo fue deporte oficial fueron los de la edición de 1896 de Atenas. En 1903 se celebró el primer Tour de Francia, la más antigua de las competiciones consideradas «grandes vueltas». Lo más impredecible quizá fuera el hecho de que, a finales del siglo XIX, este medio de transporte se convertiría en el favorito de las mujeres, pues les proporcionaría una libertad de movimientos que las ayudaría a escapar de las cárceles de sus casas, donde vivían recluidas, pese a que, al principio, que una mujer montara en bicicleta suponía romper las reglas de comportamiento y las convertía en personas de dudosa moral.

304 EDAD CONTEMPORÁNEA · Siglo XIX

EL RATONCITO PÉREZ, UN HÉROE POR ENCARGO

El famoso roedor que vivió en la confitería del número 8 de la calle Arenal de Madrid nació de la mano del padre Coloma a finales del siglo XIX por encargo de la reina María Cristina de Habsburgo, quien quiso regalar un cuento al futuro rey Alfonso XIII cuando se le cayó su primer diente; poco podría imaginar Luis Coloma que su personaje se convertiría en un mito imperecedero.

305 EDAD CONTEMPORÁNEA · 1901

UN CAMBIO DE NOMBRE

A inicios del siglo XX, en 1901, la casa Sajonia-Coburgo y Gotha sucedió a la casa Hanover en el trono del Reino Unido, pero puede que el nombre de esta casa reinante no te suene familiar porque actualmente la conocemos por casa Windsor. El cambio de nombre se dio durante la Primera Guerra Mundial por una cuestión de imagen, ya que el apellido rememoraba a un origen alemán, pese a que los miembros de la Casa Real eran ingleses de nacimiento.

306 EDAD CONTEMPORÁNEA · 1903

LA INVENCIÓN DEL LIMPIAPARABRISAS

Su artífice fue una mujer, Mary Elizabeth Anderson, que lo ideó tras visitar la ciudad de Nueva York en el invierno de 1902 y ver lo arduo que resultaba al conductor del tranvía tener que ir parándose y salir continuamente del vehículo para limpiar los cristales, que se ensuciaban debido a las nevadas.

307 EDAD CONTEMPORÁNEA · 1905

SOS

La mundialmente conocida expresión SOS nació en Alemania en 1905 y su uso como señal de socorro se decidió en la Conferencia Internacional de Berlín de 1906; sin embargo, no se popularizó hasta 1912, con el hundimiento del Titanic. No intentemos asignar una palabra a cada una de estas letras, pues no existe una «traducción»; la elección de estas tres letras se debe, simplemente, a la facilidad para transmitirlas en código morse: una secuencia de tres pulsos cortos, tres largos y tres cortos: «. . . _ _ _ . . .».

308 EDAD CONTEMPORÁNEA · 1910

EL HOMBRE DEL SACO ES DE ALMERÍA

Leyendas sobre figuras abominables que se comen o se llevan a los niños que no se portan bien existen muchas, y en casi todos los países. El coco, *bogeyman*, ropavejero, sacamantecas, el hombre del saco… A veces se presentan como seres distintos, otras parece tratarse de un mismo personaje que ha ido adoptando distintas formas y nombres. Sin embargo, hay fuentes que señalan que la leyenda del hombre del saco se basó en un suceso real que tuvo lugar en Gádor (Almería) en 1910. El barbero Francisco Leona convenció al agricultor Francisco Ortega Rodríguez, a quien habían diagnosticado tuberculosis, de que su sanación pasaba por beber la sangre de un niño. A sabiendas de esto, el agricultor, junto con Agustina Rodríguez, secuestró y metió en un saco a Bernardo González, un niño de siete años al que le practicaron un macabro ritual para que Francisco Ortega bebiera su sangre y se aplicara un emplasto con su grasa a modo de milagro curativo.

309 EDAD CONTEMPORÁNEA · 1911

EL ROBO MÁS FAMOSO DE LA HISTORIA DEL ARTE

Sucedió en 1911. La *Mona Lisa*, de Leonardo da Vinci, fue sustraída del Museo del Louvre: un suceso en boca de todos que convirtió a la Gioconda en todo un icono; la gente acudía al museo para ver el hueco que la obra había dejado en la pared. La buscaron incansablemente y varios fueron los sospechosos y los detenidos, ¡Pablo Picasso uno de ellos! Se perdió incluso toda esperanza de encontrarla hasta que, en 1913, dieron con el ladrón: Vincenzo Peruggia, un antiguo trabajador del Louvre, que decía que se había hecho con el cuadro con la intención de devolverlo a Italia, su legítima ciudad natal.

310 EDAD CONTEMPORÁNEA · 1912

LA MÁQUINA DE LOS HELADOS

Se patentó en 1912 y fue obra de Beulah Louise Henry, inventora autodidacta que fue apodada «señora Edison» por ser responsable de un elevado número de invenciones (más de ciento diez) y patentes (cuarenta y nueve). Su máquina de los helados fue muy popular: disponía de una cámara de congelación rodeada por una estructura aislante que, además de fabricar usando poco hielo de manera muy rápida, también servía para enfriar agua.

311 EDAD CONTEMPORÁNEA · 1912-1948

MENS SANA IN CORPORE SANO

En la antigua Grecia, ejercitar el cuerpo y la mente se consideraba esencial para lograr la armonía; y esta fue la idea que impulsó al barón Pierre de Coubertin, fundador de los Juegos Olímpicos modernos, a proponer que las artes formaran parte de esta competición. En 1906 se debatió en el Congreso Olímpico y, en 1912, se materializó en los Juegos Olímpicos de Estocolmo. Música, literatura, pintura, escultura y arquitectura fueron las disciplinas artísticas que podían ser condecoradas con una medalla; sin embargo, la dificultad que entrañaba juzgar la calidad artística hizo que la idea se desvaneciera en 1948.

312 EDAD CONTEMPORÁNEA · 1914

EL ARTE DEL ESCAPISMO

El avezado soldado del regimiento de los húsares, Patrick Fowler, pasó cuatro años escondido en un armario durante la Primera Guerra Mundial. Su regimiento hubo de retirarse en la batalla de Le Cateau y se perdió. El único modo de escapar fue esconderse en el armario de una viuda y su hija en el pueblo de Bertry, cuya casa acabaría siendo ocupada por soldados alemanes. Poco podía imaginar el soldado británico que su morada durante cuatro largos años acabarían siendo las paredes de un armario.

313 EDAD CONTEMPORÁNEA · 1914

LIBERTAD DE MOVIMIENTOS

En 1914, Mary Phelps-Jacobs, ideó y patentó el primer sujetador, que supondría la liberación de movimientos para las mujeres que se incorporaban como mano de obra durante la Primera Guerra Mundial. Además de sustituir a los incómodos corsés, supuso una recaudación de más de veintiocho toneladas de metal, que se empleó en la fabricación de material bélico.

314 EDAD CONTEMPORÁNEA · 1914

ESPÍRITU NAVIDEÑO EN PLENA GUERRA MUNDIAL

Duró apenas unas horas, pero el 24 de diciembre de 1914, en plena Primera Guerra Mundial, los soldados alemanes y británicos confraternizaron en una breve tregua improvisada y no oficial: abandonaron las trincheras, las decoraron, intercambiaron regalos y comida, se fumaron algún cigarrillo juntos, cantaron villancicos e, incluso, acabarían disputando algún partido de fútbol. El espíritu navideño despertó el lado más humano en aquella horrible guerra.

315 EDAD CONTEMPORÁNEA · 1916

LA BATALLA MÁS LARGA DE LA PRIMERA GUERRA MUNDIAL

La batalla más larga y sangrienta de la Primera Guerra Mundial fue la de Verdún, que enfrentó a alemanes y franceses que se disputaban la región de Alsacia-Lorena al norte de Francia. Se inició el 21 de febrero de 1916 y finalizó el 18 de diciembre de ese mismo año. Se saldó con setecientas mil bajas, trescientos mil muertos y cuatrocientos heridos, de ambos bandos. Aun así, no decantó la balanza en el devenir del conflicto.

316 EDAD CONTEMPORÁNEA · 1917

LA REVOLUCIÓN DE OCTUBRE SUCEDIÓ EN NOVIEMBRE

Aunque la conocida como Revolución de Octubre, que desencadenó la caída del zarismo y llevó a los bolcheviques al poder, se celebra el 25 de octubre, en realidad tuvo lugar el 7 de noviembre de 1917. ¿A qué se debe este disloque de fechas? Cuando el suceso se desencadenó, en el Imperio ruso se empleaba el calendario juliano, por lo que los hechos tuvieron lugar el 25 de octubre; sin embargo, según el calendario gregoriano que se emplea hoy día en el mundo occidental, la fecha sería el 7 de noviembre. Cuando Lenin asumió el poder, abolió el calendario juliano, por lo que ahora en Rusia la Revolución de Octubre se conmemora en noviembre.

317 EDAD CONTEMPORÁNEA · 1918

EL DERECHO DE LAS MUJERES AL VOTO: SEGUNDA OLA FEMINISTA

En febrero de 1918 se aprobó el sufragio femenino en el Reino Unido, después de un largo proceso iniciado en Estados Unidos. Los encadenamientos, los sabotajes y las huelgas de hambre fueron esenciales para conseguir el derecho al voto, pero solo podían votar cuando las mujeres alcanzaban la edad de treinta años. Esta fue la segunda ola del impulso del movimiento feminista, que, a diferencia del primero, vino marcado por el activismo.

318 EDAD CONTEMPORÁNEA · 1918

¿ROSA PARA LAS NIÑAS Y AZUL PARA LOS NIÑOS?

Esta distinción no se empezó a hacer hasta 1918, cuando un artículo publicado en la revista *Earnshaw's Infants' Department* afirmó, ¡ojo al dato!, que el rosa era un color fuerte y decidido, más adecuado para los niños, y que el azul era más refinado, delicado y, por ende, más propio para las niñas. La concepción actual de la asignación de estos colores no se fraguó hasta 1940, después de la Segunda Guerra Mundial, sin un motivo aparente, pero así hemos aceptado esta desatinada tendencia de asociar colores al género.

319 EDAD CONTEMPORÁNEA · 1918-1919

LA GRIPE QUE NO ERA ESPAÑOLA

Entre 1918-1919 se vivió la primera pandemia mundial: la gripe española, que, pese al nombre, no se ocasionó en España. Se le llamó así porque solo España, neutral en la guerra, podía informar sin tapujos sobre lo que estaba sucediendo. Se cree que la enfermedad procedía de una cepa aviar de China y que se extendió por Europa por el movimiento de los soldados durante los últimos meses de la Primera Guerra Mundial. El virus causó más muertes que las dos guerras mundiales juntas: estudios recientes señalan que fueron más de cincuenta millones de personas las que perdieron la vida en esta pandemia.

320 EDAD CONTEMPORÁNEA · 1920

ENTRE MASCOTAS ANDA EL JUEGO

Alejandro I de Grecia, rey de los helenos, fue asesinado por su mascota, un mono. El monarca paseaba con su pastor alemán y el primate se abalanzó sobre el perro. Alejandro I corrió a auxiliarlo y, de propina, se llevó un mordisco letal que le contagió la rabia.

321 EDAD CONTEMPORÁNEA · 1922

UN HITO EN LA HISTORIA DE LA ARQUEOLOGÍA

En noviembre de 1922, Howard Carter descubrió la tumba de Tutankamón. El arqueólogo llegó a obsesionarse con su búsqueda en el valle de los Reyes e, incluso, cuando su mecenas, el conde inglés lord Carnarvon, desistió, Carter aún lo convenció para que le diera una última oportunidad. Esta marcó un hito en la historia de la arqueología; al abrir un agujero para ver el interior, lord Carnarvon le preguntó qué veía; la respuesta no podía ser otra: «Cosas maravillosas».

322 EDAD CONTEMPORÁNEA · 1924

LA CIUDAD PROHIBIDA A LOS EXTRANJEROS

Lhasa, la capital del Tíbet, fue una ciudad prohibida a los extranjeros a principios del siglo XX. Alexandra David-Néel, una intrépida exploradora, intentó llegar a ella en distintas ocasiones, pero siempre la arrestaban y la devolvían a la India. En 1912, conoció al dalái lama y, después, vivió durante dos años y medio en el monasterio budista de Kumbum, donde la nombraron lama. Gracias a ello, en 1924, consiguió su objetivo y se convirtió en la primera mujer occidental en pisar la ciudad prohibida.

323 EDAD CONTEMPORÁNEA · 1924

CIUDADES QUE CAMBIAN DE NOMBRE

Podría parecernos que los nombres de las ciudades no cambian y permanecen estables a lo largo del tiempo, pero muchas son las que han sido rebautizadas, algunas en más de una ocasión. Este es el caso, por ejemplo, de San Petersburgo, que, durante la Primera Guerra Mundial, mudó a Petrogrado y, cuando Lenin murió en 1924, cambió otra vez más a Leningrado, que significa «ciudad de Lenin». En 1991, la ciudad recuperó su nombre original: San Petersburgo. No fue la única que sufrió un cambio de nombre durante la contienda soviética: Tsaritsin, hoy Volgogrado, durante la Segunda Guerra Mundial fue rebautizada como Stalingrado en honor a Stalin. La lista es larga, en la cual Rusia domina el arte de cambiar los nombres.

324 EDAD CONTEMPORÁNEA · 1927

LAS PRIMERAS MANOS DEL PASEO DE LA FAMA

Norma Talmagde, actriz de cine mudo, fue la primera en estampar sus manos en el cemento fresco de la ciudad de Los Ángeles, pero ¡fue algo totalmente accidental!, fruto de un tropiezo que convirtió este acto en todo un símbolo.

325 EDAD CONTEMPORÁNEA · 1928

TARZÁN EN UNOS JUEGOS OLÍMPICOS

Fue en los Juegos Olímpicos de Ámsterdam de 1928 cuando Johnny Weissmüller, el actor que interpretó a Tarzán, se hizo con dos medallas de oro. Sin embargo, no pudo seguir demostrando sus dotes de gran nadador en los siguientes juegos de 1932: no se lo permitieron ¡por haber sido modelo de trajes de baño!

326 EDAD CONTEMPORÁNEA · 1930

ELEMENTAL, QUERIDO WATSON

El archiconocido Sherlock Holmes estuvo a punto de ser asesinado por su autor, Arthur Conan Doyle, en la novela *El problema final*. El revuelo que la muerte del célebre detective provocó entre sus lectores obligó al escritor a volver a darle vida a su personaje en la obra de 1903, *El regreso de Sherlock Holmes*. «Elemental, querido Watson». Por cierto, esta frase nunca fue puesta en boca de Holmes por su creador; se hizo mundialmente famosa, sí, pero no la pronunció hasta que se rodó la película *Las aventuras de Sherlock Holmes*, nueve años después de la muerte de Conan Doyle.

327 EDAD CONTEMPORÁNEA · 1931

EL DÍA SIN AYER

El «día sin ayer» fue como Lamaître llamó a su teoría sobre el origen del universo, que no era otro que el conocido *big bang*. La concibió en la década de 1930, en la ciudad belga de Lovaina, y la idea de que el universo se estuviera expandiendo sonaba tan inconcebible que incluso algunos de sus contemporáneos, como Albert Einstein, la rechazaron de plano. Sin embargo, esta premisa ha sido una de las conexiones entre pasado y futuro más deslumbrantes de la historia de la ciencia.

328 EDAD CONTEMPORÁNEA · 1936

EL RELEVO DE LA ANTORCHA OLÍMPICA

Aunque muy probablemente en los juegos olímpicos antiguos podrían haber existido altares y santuarios que mantenían la llama, su relevo es algo bastante reciente. Nació en los Juegos de Verano de 1936, como un símbolo de unidad internacional que mostraba el poder de la Alemania nazi. Durante doce días enteros, recorrió unos tres mil kilómetros de mano en mano.

329 EDAD CONTEMPORÁNEA · 1938

¿QUÉ HAY DE NUEVO, VIEJO?

Bugs Bunny, el famoso personaje de animación creado por Warner Bros en 1938, se convirtió en un emblema para los estadounidenses tras la Segunda Guerra Mundial, y es que, según el periodista Richard Schickel, el humor del conejo animado representaba a una nación que se enfrentaba en una terrible guerra y que había sobrevivido a una crisis económica sin igual.

330 EDAD CONTEMPORÁNEA · 1939

UN PROTAGONISTA EN LA SOMBRA

¿Su nombre? Barnet Yudin, un comerciante de pinturas de Nueva Jersey que, en vísperas de la Segunda Guerra Mundial, ayudó a una familia judía a huir de la persecución del régimen nazi. Su declaración jurada abriría las puertas de América a Arno Penzias, físico y radioastrónomo que ganó el Premio Nobel de Física en 1978 por su descubrimiento, junto con Robert Wilson, de la radiación cósmica de fondo de microondas, que confirmaba la teoría del *big bang*, la más conocida sobre el origen del universo.

331 EDAD CONTEMPORÁNEA · 1939-1940

ENIGMA CONTRA BOMBE

Fueron dos máquinas cruciales en la Segunda Guerra Mundial para encriptar y desencriptar información. Enigma fue ideada tras la Primera Guerra Mundial por el ingeniero alemán Arthur Scherbius. Esta máquina estaba compuesta por un teclado y unos rotores ocultos divididos en veintiséis casillas que disponían las letras de manera aleatoria y que permitía crear múltiples combinaciones, exactamente 17.576 por cada tecla. Asimismo, contaba con un clavijero en el que un operador, usando unos cables, unía letras también de manera aleatoria, lo que incrementaba la cantidad de combinaciones posibles a más de cien millones. El hecho de que los rotores también se pudieran cambiar de orden aumentaba el número de combinaciones a diez mil billones de posibilidades, por lo que los mensajes transmitidos con esta máquina criptográfica eran prácticamente imposibles de descifrar y los aliados estuvieron en jaque durante buena parte del conflicto.

Entre finales de 1939 y mediados de 1940, Alan Turing, un brillante matemático británico, junto con Gordon Welchman, también matemático británico-estadounidense, desarrollaron la máquina Bombe, con la que consiguieron interceptar y descifrar gran parte de la información transmitida por Enigma, y los aliados pudieron tomar la delantera. Se estima que, gracias al trabajo de Turing, el conflicto de la Segunda Guerra Mundial se pudo acortar entre dos años y cuatro años; es decir, que se habrían salvado unos catorce millones de personas.

332 EDAD CONTEMPORÁNEA · 1939

EL CÓCTEL MOLOTOV ES UN ARTIFICIO DE LOS FINLANDESES

Recibe su nombre por el ministro de Asuntos Exteriores de Stalin, Viacheslav Mijáilovich, conocido por el sobrenombre de Molotov (que significa «martillo» en ruso), quien firmó el pacto de no agresión con la Alemania nazi. En 1939, cuando la Unión Soviética atacó a Finlandia, el ministro aseguró que los aviones de guerra no transportaban bombas, sino alimentos; los finlandeses, como respuesta, denominaron «cestas de pan de Molotov» a las bombas y sugirieron acompañarlas con bebidas (cócteles). Las fábricas de licores, en lugar de elaborar vodka, se dedicaron a la producción en masa de estos artefactos incendiarios que los finlandeses emplearon de forma eficaz contra los soviéticos.

333 EDAD CONTEMPORÁNEA · 1939

LA PRECURSORA DEL WIFI

Al estallar la Segunda Guerra Mundial, la austriaca Hedwig Eva Maria Kiesler (de nombre artístico Hedy Lamaar), más conocida por su faceta de actriz que por la de inventora, se puso al servicio del Gobierno de Estados Unidos y, junto con George Antheil, diseñó un sistema de detección de señales de radio que interceptaba las comunicaciones y detectaba los torpedos teledirigidos. Aunque su invento al principio no se tuvo muy en cuenta, cobró protagonismo hacia 1962 durante la crisis de los misiles de Cuba. Su tecnología es la que hoy se emplea en los sistemas de posicionamiento por satélite, siendo la precursora del wifi.

334 EDAD CONTEMPORÁNEA · 1940

A POR EL ORO

Corría el año 1940 cuando los nazis ocuparon Dinamarca y, en el Instituto Niels Bohr de Copenhague, se perpetró un magnífico plan para esconder las medallas de los laureados con el Premio Nobel, Max von Laue y James Franck. Ante la preocupación de que los alemanes encontraran las medallas con los nombres de los galardonados grabados en estas, según cuenta Hevesy (químico húngaro que trabajaba en el laboratorio), a Bohr (también premio Nobel de Física durante la Segunda Guerra Mundial) y a él se les ocurrió un ardid para ocultarlas. Como enterrarlas no les parecía lo suficientemente seguro, no les quedó otra que ¡disolverlas! El astuto plan funcionó tan bien que las medallas permanecieron ocultas en un bote en una estantería del laboratorio del instituto hasta finalizada la guerra. Años más tarde, el hijo de Bohr extrajo el oro del bote y se fabricaron dos nuevas medallas, que fueron entregadas a sus correspondientes propietarios, Laue y Franck, en 1950.

335 EDAD CONTEMPORÁNEA · 1940

LA GESTIÓN DEL TIEMPO

Y no nos referimos a las técnicas para hacer frente a los ladrones del tiempo, sino al cambio de hora por decisión unilateral. Eso es lo que ocurrió en 1940, cuando Franco instauró por mandato oficial un cambio horario, supuestamente, para contentar a Adolf Hitler, que hacía coincidir nuestro horario con el alemán en vez de con el de Londres, de donde parte el meridiano de Greenwich, que pasa por la península. Hoy, la cuestión vuelve a estar sobre la mesa: ¿nos quedaremos con el horario de verano o con el de invierno?

336 EDAD CONTEMPORÁNEA · 1940

EL ASESINO DEL PIOLET

León Trotski, uno de los artífices de la Revolución de Octubre, que se enfrentó a Stalin tras la muerte de Lenin, no pudo tener una muerte más novelesca: fue asesinado a sangre fría con un piolet por un catalán, Ramón Mercader, que se infiltró en su círculo, sedujo a su secretaria y se ganó su confianza para asestarle el golpe de gracia.

337 EDAD CONTEMPORÁNEA · 1941

WE CAN DO IT: TERCERA OLA FEMINISTA

Este cartel propagandístico que en 1941 exhortaba a las mujeres a incorporarse al mercado laboral para suplir a los hombres que habían partido al frente tras el ataque de Japón a Pearl Harbor no se convirtió en todo un emblema de la tercera ola feminista hasta casi medio siglo después.

338 EDAD CONTEMPORÁNEA · 1941

EL SIGNIFICADO DE «HOLOCAUSTO»

Si hablamos de holocausto, rápidamente lo asociamos al exterminio de los judíos en la Alemania nazi de Hitler, en el contexto de la Segunda Guerra Mundial, pero es probable que pocos conozcan el significado real de esta palabra que procede del griego: *holos* («todo») y *faustos* («quemado»); es decir, «todo quemado». Este concepto tiene una base bíblica; proviene de un sacrificio religioso hebreo en el que se quemaba a un animal: la *shoah*, cuya traducción es «catástrofe».

339 EDAD CONTEMPORÁNEA · 1942

UN TRUCO DE ILUSIONISMO

Jasper Maskelyne, mago de profesión, cuenta, en su libro publicado en 1949, un plan urdido para vencer a los nazis en la batalla de El Alamein de 1942. El truco de ilusionismo, llamado «operación Bertram», consistió, según Maskelyne, en la creación de tanques y artillería falsa para confundir al enemigo, y en esconder los reales. El mago aseguraba que incluso creó una flota y una ciudad falsa. Sin embargo, la participación del prestidigitador en esta trama es más que dudosa y no hay testimonios que lo atestigüen. Lo cierto es que la operación Bertram fue idea del coronel Dudley Clarke y el oficial Geoffrey Barkas, que antes de la guerra había sido director de cine.

340 EDAD CONTEMPORÁNEA · 1943

OPERACIÓN CARNE PICADA

En 1943, en el transcurso de la Segunda Guerra Mundial, se gestó un sublime ardid estratégico que cambió el rumbo de la contienda y que tuvo un escenario español: Huelva. La operación Mincemeat (Carne Picada, en español) la urdieron los británicos para engañar a los aliados de Hitler acerca de las operaciones militares que pensaban llevar a cabo en el Mediterráneo. Crearon una identidad nueva, la del comandante William Martin, que apareció muerto en la playa de Punta Umbría y que llevaba consigo un maletín repleto de documentos (todos falsos), con los que convencieron a los alemanes de que los aliados iban a invadir Grecia en lugar de Sicilia. La atención de los alemanes centrada en Cerdeña facilitó la invasión de Sicilia por parte de los aliados y el número de bajas de ambos bandos se vio considerablemente reducido.

341 EDAD CONTEMPORÁNEA · 1943

LA BATALLA MÁS SANGRIENTA DE LA HISTORIA

Más de dos millones es la cantidad de vidas que se cobró la batalla más sangrienta de la historia, que se libró en Stalingrado entre el 23 de agosto de 1942 y el 2 de febrero de 1943. La contienda enfrentó al Ejército Rojo de la Unión Soviética y la Wehrmacht, las fuerzas armadas de la Alemania nazi, en el marco de la Segunda Guerra Mundial.

342 EDAD CONTEMPORÁNEA · 1944

MONUMENTS MEN

Este es el nombre que recibió la brigada de expertos creada en 1944, durante la Segunda Guerra Mundial, cuyo objetivo era recuperar y proteger las obras de arte y los objetos culturales de incalculable valor que habían sido expoliados y ocultados por los nazis durante la ocupación. El grupo de expertos lo componían artistas, arquitectos, directores de museos e historiadores del arte, y logró recuperar un depósito de hasta cinco millones de obras maestras.

343 EDAD CONTEMPORÁNEA · 1944

EL DNI CON NÚMERO UNO FUE PARA FRANCO

Un decreto del 2 de marzo de 1944 marcó el inicio de la identificación de los ciudadanos mediante un número de ocho cifras y una letra. El documento nacional de identidad (DNI) se ideó en la etapa de la dictadura de Francisco Franco, a quien, en 1951, se le asignó el DNI con el número uno; el número dos fue para Carmen Polo, su mujer, y el tres para Carmen Franco, su hija. Los números del cuatro al nueve no se asignaron a nadie y siguen en blanco hoy; el trece también, pero por una cuestión de superstición.

344 EDAD CONTEMPORÁNEA · 1945

KOKURA, OBJETIVO DE LA FAT MAN

El 6 de agosto de 1945, el bombardero Enola Gay sobrevoló Hiroshima y, a primeras horas de la mañana, arrojó la Little Boy, la primera de las dos bombas atómicas que marcarían el final de la Segunda Guerra Mundial. El jueves 9 de agosto, tres días después, la segunda bomba nuclear, llamada Fat Man, era transportada hacia Kokura, la ciudad objetivo de este segundo artefacto. La climatología fue la causante de que se arrojara sobre Nagasaki y no sobre Kokura.

345 EDAD CONTEMPORÁNEA · 1950-1953

LOS AMERICANOS EN COREA

Durante la Guerra Fría tuvo lugar uno de los conflictos más importantes que hoy, setenta años después, aún sigue vivo: la guerra de Corea. En Estados Unidos la llaman la «guerra olvidada» porque no se le prestó mucha atención. Esta nación respaldó a Corea del Sur, y China y la Unión Soviética, a Corea del Norte. Aunque no es una guerra muy conocida en la que hayan participado los americanos, el actor Michael Caine formó parte del cuerpo de infantería.

346 EDAD CONTEMPORÁNEA · 1959-1961

BARBIE Y KEN SON HERMANOS

Barbie, la polémica muñeca de esbelta figura, debe su nombre a Bárbara, la hija de Ruth Handler, que, junto con su marido Elliot Handler y su amigo Harold Matson, fundaron la fábrica de juguetes Mattel. Barbie salió al mercado en 1959 y fue un éxito rotundo; dos años después nacería Ken, que a veces ha sido considerado su pareja sentimental, otras solo un amigo o, incluso, un vecino, pero, en realidad, Ken recibió ese nombre en honor a Kenneth, el hermano de Bárbara.

347 EDAD CONTEMPORÁNEA · 1961

EL PRIMER HOMBRE EN VIAJAR AL ESPACIO

Sucedió el 12 de abril de 1961. Tras enviar a Laika al espacio dos años antes, era el turno de los humanos. El cosmonauta escogido para la misión fue Yuri Gagarin, que permaneció en el espacio exterior ciento ocho minutos. El regreso fue bastante turbulento, pues la cápsula de aterrizaje se desprendió de la nave, pero logró poner los pies en el suelo gracias al lanzamiento de la silla del piloto y al paracaídas, según estaba previsto. Ironías de la vida: el hombre que a punto estuvo de perder la vida al conquistar el espacio falleció, en 1968, en un trágico accidente de avión.

348 EDAD CONTEMPORÁNEA · 1963

EL TELÉFONO ROJO QUE NOS SALVÓ DEL DESASTRE NUCLEAR

Ni era un teléfono ni era rojo, aunque se convirtió en un símbolo de distensión, diálogo y entendimiento. El «teléfono», que hoy día aún sigue vigente, era una línea de comunicación por cable que permitía que Moscú (Unión Soviética, actualmente Rusia) y Washington (Estados Unidos) se enviaran teletipos encriptados para abordar los asuntos asociados al desarrollo de la Guerra Fría. El hecho de que se relacionara con el rojo se debe a la asociación de este color con una situación de tensión y alerta.

349 EDAD CONTEMPORÁNEA · 1965

HOMENAJE A LA MATERNIDAD

El día de la Madre no es una invención de nuestros días. Las civilizaciones antiguas también rendían homenaje a la figura materna; sin embargo, aunque se festeja en gran parte del mundo, cada país lo hace en una fecha distinta. En España, la celebración del primer domingo de mayo se instauró en 1965 por intereses comerciales; anteriormente, se había celebrado el día de la Inmaculada Concepción, el 8 de diciembre.

350 EDAD CONTEMPORÁNEA · 1966

LA BOMBA NUCLEAR ANDALUZA

Fue en plena Guerra Fría cuando cuatro bombas termonucleares cayeron accidentalmente sobre la costa almeriense, en la localidad de Palomares. Poco se esperaban los habitantes de este tranquilo territorio que una flota de bombarderos estadounidense los sobrevolaba en una de sus misiones preventivas contra la Unión Soviética. Tras la misión, aviones KC-135 reabastecían los artefactos nucleares de los bombarderos en pleno vuelo, pero algo falló: las naves se acercaron demasiado y chocaron, provocando una gran explosión. Cuatro bombas termonucleares con un poder destructivo superior a las de Hiroshima y Nagasaki cayeron desde el cielo: dos de ellas quedaron inactivas, pero las otras dos, aunque no explotaron, se rompieron en pedazos y expulsaron un polvo radiactivo de plutonio que se extendió por la zona. Este incidente se trató con gran secretismo y una de las bombas que cayeron al mar fue rescatada tres meses después. Aunque se llevó a cabo una operación de limpieza, Palomares sigue siendo la localidad más radiactiva de España.

351 EDAD CONTEMPORÁNEA · 1966

DISNEY, ¿CRIOGENIZADO?

No es cierto y no hay evidencias que lo demuestren. Disney murió en 1966 tras sufrir un paro cardiaco, fue incinerado y descansa en paz en el panteón familiar del Forest Lawn Memorial Park de Glendale (California). Mucho se ha especulado sobre esta leyenda urbana acerca de su muerte; hay quien aún cree que Disney reposa en una cámara, congelado, a la espera de encontrar una cura para su enfermedad, cuando será resucitado y sanado. Aunque esta leyenda es la más conocida, no es la única en torno a la figura de Disney: hay diferentes hipótesis, por ejemplo, sobre el lugar real de su nacimiento, así como acerca de la autoría real de su personaje Mickey, vinculado a Ubbe Iwerks. Todo un misterio propio de un hombre que se convirtió en leyenda.

352 EDAD CONTEMPORÁNEA · 1969

DALÍ Y EL CHUPA-CHUPS

Primero fue gol, luego chups y, finalmente, chupachups. Este fue el nombre con el que se quedó el primer caramelo con palo de la historia que todos asociamos a un logotipo emblemático que Dalí diseñó, en 1969, en una servilleta en poco menos de una hora. Surrealista, ¿verdad?

353 EDAD CONTEMPORÁNEA · 1969

THE EAGLE HAS LANDED

La archiconocida frase que anunciaba el aterrizaje del Apolo 11 en la Luna se escuchó por primera vez en una estación española, la de Fresnedillas de la Oliva. Este pueblo, con apenas quinientos habitantes, situado a unos cuarenta kilómetros de Madrid, fue el escenario de uno de los hitos más importantes de la historia, no exento de nervios, pues, como cuenta Carlos González Pintado, técnico de la estación espacial por aquel entonces, a punto estuvieron de quedarse sin combustible antes de que la nave se posara en la superficie.

354 EDAD CONTEMPORÁNEA · 1969

LA ÚLTIMA LETRA DEL ABECEDARIO ESPAÑOL, LA «W»

La «w» fue la última letra en incorporarse al abecedario en español, en 1969, con la publicación de la ortografía de ese año, pero esta letra, que entró por la vía del préstamo, se había utilizado en la Edad Media para escribir algunos nombres de origen germánico.

355 EDAD CONTEMPORÁNEA · 1972

EL PRIMER VIDEOJUEGO DE LA HISTORIA

Muchas son las opiniones acerca de cuál fue el primer videojuego de la historia, pues depende de si se tienen en consideración aspectos como su finalidad. Algunos consideran que los primeros juegos de ajedrez integrados en las computadoras primigenias de mediados del siglo XX son videojuegos; también los programas desarrollados por los institutos tecnológicos, como el del MIT de 1961, llamado *Spacewar!*, que, aunque tenía un componente bastante lúdico, no se inventó con el propósito de comercializarlo.

Pese a los debates generados en torno a este tema, generalmente se acepta que el primer videojuego fue *Pong*, lanzado por Atari en 1972, que además fue todo un éxito comercial que marcó el inicio de los videojuegos tal como los conocemos hoy.

356 EDAD CONTEMPORÁNEA · 1974

UN DESCUBRIMIENTO POR AZAR

Este es el que hizo un campesino llamado Yang Zhifa, en 1974. Por casualidad, mientras excavaba un pozo en busca de agua junto con sus hermanos y algunos vecinos, halló al ejército de terracota de Xian, que custodiaba el mausoleo de Qin Shi Huangdi, el primer emperador de China de la dinastía Qin, que subió al trono, con trece años, en el año 246 a. C. Por el momento se han encontrado ocho mil guerreros, soldados de infantería, artillería y caballería, todos distintos y a tamaño real, que fueron creados en el año 210 a. C. con la función de acompañar al emperador camino a la muerte.

357 EDAD CONTEMPORÁNEA · 1982-1996

EL PRESIDENTE DEL GOBIERNO MÁS DURADERO

El político español que durante más tiempo ha ejercido el cargo de presidente del Gobierno de manera continuada ha sido Felipe González. Lo desempeñó nada más y nada menos que durante trece años y ciento veintiocho días: de 1982 a 1996.

358 EDAD CONTEMPORÁNEA · 1985

UNA PRUEBA POR LA BRECHA DE GÉNERO

Se trata de la prueba creada por Alison Bechdel en 1985, que se publicó en una tira cómica. Esta prueba sirve para evaluar las desigualdades en cuanto al género en el cine; para aprobarlo, la película o serie tiene que cumplir tres reglas: que aparezcan al menos dos mujeres, que los personajes femeninos hablen entre sí en algún momento y que la conversación entre estos personajes femeninos no gire en torno a otro masculino.

359 EDAD CONTEMPORÁNEA · 1991

FINAL DE CUENTO

Mickey y Minnie traspasaron el metaverso, y es que Russi Taylor y Wayne Allwine, los actores que dan voz a estos conocidos personajes en la vida real, contrajeron matrimonio en 1991 y vivieron felices hasta que la muerte los separó en 2009.

360 EDAD CONTEMPORÁNEA · 1996

BLUETOOTH, CON RAÍCES VIKINGAS

El nombre de *bluetooth*, el sistema inalámbrico que permite conectar y transmitir datos entre distintos dispositivos electrónicos, recibió su nombre de casualidad.

Coincidió que, en 1996, en pleno desarrollo de esta tecnología, uno de sus ingenieros, Jim Kardach, estaba leyendo la novela *The Long Ships*, de Frans G. Bengtsson, cuando se le ocurrió escoger el nombre de uno de los personajes para bautizar al artilugio. El rey vikingo escogido fue Harald Blåtand, que traducido al inglés sería Harald Bluetooth, es decir, Harald Diente Azul. La elección fue por analogía: este rey de Dinamarca había logrado unificar el reino en el siglo X, como haría el *bluetooth* con los distintos teléfonos del mundo. El nombre en clave, que debía ser algo temporal y de uso interno, llegó para quedarse.

361 EDAD CONTEMPORÁNEA · 2000

UN VESTIDO VERDE VIRAL

Un simple vestido, o no tan simple, fue el motivo de que Google Imágenes se creara. Se trata del vestido verde de Versace que Jennifer López lució en la gala de los Grammy del año 2000; la avalancha de búsquedas de ese aspecto fue tan popular que el equipo de Google y Eric Schmidt, presidente ejecutivo de Google, crearon un botón de búsqueda.

362 EDAD CONTEMPORÁNEA · 2004

EL AZUL DE FACEBOOK

Ni rojo ni verde. El color corporativo de esta red social es el azul, y tiene una razón de ser: su fundador, Mark Zuckerberg, es daltónico y distingue mayores tonalidades y rangos de azul que de otros colores.

363 EDAD CONTEMPORÁNEA · 2013
UN COMBUSTIBLE MUY VEGETAL

¿Podrías imaginar conducir un coche alimentado por zanahorias? Por raro que suene, es posible. Un reciente estudio iniciado en 2013 por investigadores de la Universidad Nacional del Litoral de Argentina ha comprobado que los desechos de zanahoria pueden transformarse en biocombustible. ¿Cómo se les ocurrió la idea de probar si las zanahorias pueden hacer funcionar un coche? Pues como argucia para dar salida a un excedente de esta hortaliza en la localidad de Santa Fe.

364 EDAD CONTEMPORÁNEA · 2014
NO HAY OBSTÁCULOS PARA TINDER

¿Quién iba a decirnos que, en una extensión de catorce millones de kilómetros cuadrados, cuya superficie es un 90 % hielo y donde no habita nadie de manera permanente, podría lograrse un *match*? Tinder no conoce los imposibles. Sucedió en la Antártida, en 2014, cuando un científico que trabajaba en la estación McMurdo se conectó a la aplicación de citas y coincidió con una investigadora que se hallaba en el lugar, a tan solo cuarenta y cinco minutos en helicóptero. El primer *match* en la Antártida y, probablemente, el único en mucho tiempo, ¿o no?

365 EDAD CONTEMPORÁNEA · Siglo XXI

EL SOL NO ES DE COLOR AMARILLO, NI NARANJA, NI SIQUIERA ROJIZO

Así es, el Sol no es de ninguno de estos colores. La luz que emite, al atravesar la atmósfera, se difracta como si fuera un prisma, por lo que el resultado es la separación de todos los colores del arcoíris que estaban compactos en la luz emitida. Pero no nos equivoquemos: el Sol tampoco es multicolor; tampoco blanco, si estamos pensando en la teoría sobre la naturaleza y el origen de los colores de Newton.

Un espectro luminoso se distingue de otro por su longitud de onda: las ondas cortas se alteran fácilmente, por lo que, al entrar en la atmósfera, se pierden; las ondas de mayor longitud, es decir, el rojo, el amarillo y el naranja, son las que alcanzan la superficie terrestre. De ahí que nosotros percibamos el Sol de este color.

Pero ¿de qué color es el Sol? Los dispositivos de exploración espacial más modernos han permitido determinar que el Sol emite una longitud de onda que correspondería al color verde, es decir, una mezcla de los colores que sí consiguen llegar a la superficie: rojo, amarillo, naranja y algunas tonalidades de verde.

¿Sabías que la historia del fútbol se remonta a hace más de 2.000 años?

Abre las páginas de este libro y prepárate para convertirte en todo un experto en el deporte rey

¡PERFECTO PARA FOROFOS DEL FÚTBOL DE TODAS LAS EDADES!